Ute Jäger

Reichsstadt Weißenburg

Ein Rundgang durch Reichsstadtmuseum und historische Altstadt

Herausgegeben von der
Stadt Weiß[illegible]

Verlag Walter E. Keller

Titel: Zweites Stadtwappen aus dem Wappenbrief von 1481
Rückseite: Siegel Karls IV. an der Stadtrechtsurkunde (Goldene Bulle) von 1355

Ute Jäger studierte an der Universität Erlangen-Nürnberg die Fächer Mittlere Geschichte, Alte Geschichte, Kunstgeschichte sowie Neuere/Neueste Geschichte und verfügt als Fremdenführerin über eine reiche Erfahrung, geschichtliches Wissen an die Besucher weiterzugeben. In einer Reihe von Vorträgen, Aufsätzen und populärwissenschaftlich geschriebenen Führern hat sie sich intensiv mit der Geschichte der Stadt Weißenburg auseinander gesetzt. Im Juni 2000 wurde sie mit der Arbeit „Die Urkunden zur Geschichte der Reichsstadt Weißenburg" promoviert.

Die Deutsche Bibliothek - CIP-Einheitsaufnahme
Jäger, Ute:
Reichsstadt Weißenburg : ein Rundgang durch Reichsstadtmuseum und historische Altstadt / Ute Jäger. Hrsg. von der Stadt Weißenburg i. Bay.. – Treuchtlingen : Keller, 2000
(Reihe gelbe Taschenbuch-Führer)
ISBN 3-934145-08-6

Herausgegeben von der Stadt Weißenburg i. Bay.,
Marktplatz 19 (Neues Rathaus), D-91781 Weißenburg i. Bay.

Design, Layout und digitale Druckvorstufe: Christian Keller
Belichtung: e + r Repro GmbH, Donauwörth
Druck: W. Lühker GmbH, Weißenburg
Printed in Germany 1.–3. Tausend
Gedruckt auf umweltfreundliches Papier mit 50% Altpapieranteil

ISBN 3-934145-08-6

INHALT

Abbildungsnachweis

Jäger Abb. 5, 29, 36, 60, 63, 70-79, 81-83; Abb. 3 u. 7 (n. Staatsarchiv Nürnberg); Abb. 8, 11, 15, 16, 40, 54, 65-68 (Reproduktionen aus dem Hausbuch der Mendel'schen Zwölfbrüderstiftung Nürnberg)
Reichsstadtmuseum (Kammerl) Abb. 22, 42; (Richter) Abb. 6, 10, 13, 14, 17-21, 23-25, 27, 28, 30-32, 34, 35, 38, 39, 41, 43-53, 55, 56, 58, 59, 61, 62, 64;
Munique Abb. 2, 9, 12, 26, 33, 37, 57, 80
Keller Abb. 1
Mang Abb. 69
Plan Stadtrundgang (3. Umschlagseite) nach Stadtbauamt Weißenburg, Abb. 4 auf Grundlage einer Zeichnung von Dr. Daniel Burger (Neuendettelsau)

Stadtgeschichte erleben

Das Reichsstadtmuseum Weißenburg wurde im Februar 1998 eröffnet. Es geht, wie auch das seit 1983 bestehende Römermuseum, in letzter Konsequenz auf eine vom damaligen Altertumsverein der Stadt im März 1890 erstmals präsentierte kleine Sammlung zurück.

Beide Einrichtungen bilden eine Art Museumskomplex im nordwestlichen Bereich unserer Altstadt, unmittelbar neben der St.-Andreas-Kirche mit der 1995 eröffneten Schatzkammer, die ebenfalls als ein Teil dieses musealen Bereichs angesehen werden könnte.

Während das durch den ausgestellten Römerschatzfund von 1979 zu nationaler Bedeutung gelangte Römermuseum die lokale Geschichte von der Steinzeit bis in die Zeit der germanischen Landnahme eindrucksvoll dokumentiert, konzentriert sich das Reichsstadtmuseum auf die Entwicklung Weißenburgs bis 1802, also bis zum Verlust der Reichsfreiheit.

Entsprechend heutigem Verständnis ist das neue Museum keine Ansammlung bemerkenswerter Einzelstücke, sondern will trotz des Namens und der Beschränkung auf die prägende Epoche der Stadtgeschichte ein lebendiges Forum für die Historie dieser alten Stadt sein und vor allem auch weiteren Entwicklungen Raum geben. Dies ist jedenfalls die Vision.

Dementsprechend werden – vorgegeben durch die Raumstruktur eines 1991 erworbe-

Abb. 1 Stelen auf dem Museumsvorplatz

nen Bürgerhauses (Am Hof 6) und eines Nebengebäudes, das früher als Lagerraum des 1981 geschlossenen Heimatmuseums genutzt wurde – einzelne beispielhafte Aspekte aus der Reichsstadtgeschichte mit wertvollen Exponaten, übersichtlichen Schautafeln und qualitätsvollen Kopien gezeigt.
Wie in einem dreidimensionalen Buch wird die Entwicklung der Reichsstadt Weißenburg, beispielhaft für alle vergleichbaren Städte, als spezieller deutscher Beitrag zur mittelalterlichen Stadtwerdung erleb- und begreifbar.
Räume im 2. Obergeschoss ermöglichen kleinere Sonderausstellungen, die auch der Aufarbeitung von Themen außerhalb der unmittelbaren Zielsetzung des Museums dienen.
Ende des Jahres 1999 wurde das ebenfalls angrenzende Denkmal Pfarrgasse 4 erworben, um auf einem Stockwerk in den nächsten Jahren den dann modern aufbereiteten Bestand der sogenannten Kaadener Heimatstuben aufzunehmen. Diese heimatmuseale Sammlung der Bürgerinnen und Bürger aus dem Bereich Kaaden-Duppau in Böhmen wird insgesamt die für die Stadtentwicklung nach dem Zweiten Weltkrieg so bedeutungsvolle Ankunft und Integration der Vertriebenen aus dem deutschen Osten darstellen. Die restlichen zwei Ebenen und das Dachgeschoss ermöglichen einen weiteren Ausbau des Museums.
Entsprechend der hinter dem Reichsstadtmuseum stehenden langfristigen Konzeption erstreckt sich die Sammeltätigkeit der Stadt seit der Professionalisierung im Archiv- und Museumsbereich in den 80er Jahren inzwischen auf alle Zeitabschnitte der Weißenburger Geschichte. Dafür wurden unweit des Museums in einer alten, in der Stadtmauer neben dem Ellinger Tor seit über hundert Jahren betriebenen Schreinerei im Juli 1994 Depoträume und Werkstätten nach modernen Gesichtspunkten eingerichtet. Ein weiteres ständiges Depot in einem 1999 sanierten Bereich der nördlichen Altstadtmauer steht für größere Objekte zur Verfügung. Eng ist die Zusammenarbeit mit dem Stadtarchiv, das im Zuge der Errichtung des Neuen Rathauses modernste Räumlichkeiten im dortigen Untergeschoss erhielt. Hier werden die wertvollsten Urkunden aus der Stadtgeschichte verwahrt.

Das räumlich überschaubare, aber in seiner Konzeption vorbildlich gestaltete und von der Fachwelt gelobte Reichsstadtmuseum weist noch eine andere Besonderheit auf: Seine Schaffung war nur möglich, weil zwei ortsansässige Stiftungen (vor allem die Hermann-Gutmann-Stiftung, beachtlich aber auch die Sparkassen-Kulturstiftung) die gesamte Präsentation bis zur Eröffnung finanziert haben. Übrigens hat eine dritte Stiftung (die des Bezirks Mittelfranken) die Herausgabe dieses Führers durch unsere Altstadt und das Reichsstadtmuseum nachdrücklich unterstützt. Dafür gebührt allen Entscheidungsträgern nochmals herzlicher Dank.
Nachdem das Reichsstadtmuseum so konzipiert ist, dass anschließend ein Gang durch die Altstadt geradezu zwingend ist, führt dieses Büchlein folgerichtig in einer überzeugenden textlichen und bildlichen Gestaltung durch unser großes historisches Zentrum mit seinen mittelalterlichen Straßen- und Platzstrukturen, den Kirchen, den Bürgerhäusern, dem berühmten Ellinger Tor und einem weitgehend erhaltenen Stadtmauerring.
Die Verfasserin, hier geboren und aufgewachsen, ist als gelernte Historikerin eine der besten Kennerinnen der mittelalterlichen Geschichte Weißenburgs.
Reichsstadtmuseum und Altstadt muss man zusammen erleben, um den Satz der Schriftstellerin Irene Reif (1989) zu verstehen, dass Weißenburg eine Stadt sei, die Ludwig Richter „zu zeichnen vergaß“.

Weißenburg, im Oktober 2000

Reinhard Schwirzer
Oberbürgermeister

Abb. 2 Blick in die Abteilung „Reichsstadt“

i

Amt für Kultur und Touristik
– im Römermuseum –
Martin-Luther-Platz 3-5
91781 Weißenburg i. Bay.
Tel. 09141 / 907-124
Fax: 09141 / 907-121
E-Mail: akut@weissenburg.de
Internet: http://www.weissenburg.de

I. STADTGESCHICHTE

Die Weißenburger Geschichte beginnt bereits in der späten Steinzeit und reicht über die Bronze- und Eisenzeit sowie die Latènezeit bis zu der um das Kastell *Biriciana* errichteten römischen Siedlung (Abb. 5). Das westlich der heutigen Altstadt gelegene Kastell entstand um das Jahr 90 n. Chr. Mit dem ersten großen Alamannensturm im Jahr 230 n. Chr. kam auch der Niedergang des römischen Kastells und der Zivilsiedlung Biriciana. Die Reichsgrenze, der *Limes*, wurde um 258/59 aufgegeben. Die Römer verließen ihre Niederlassungen und zogen sich an die alte Donaugrenze zurück. Kastell und Siedlung wurden teilweise abgetragen und zerfielen nach und nach. Es folgten die Wirren der Völkerwanderungszeit, so dass erst im sechsten Jahrhundert mittelalterliche Siedlungsspuren nachweisbar sind. Eine Siedlungskontinuität ist für Weißenburg nach den derzeitigen archäologischen Erkenntnissen nicht belegt. 1974 untersuchte man ein alamannisches Reihengräberfeld (200 m x 150 m) an der Eichstätter Straße und wies eine merowingische Siedlung an diesem Ort nach. Die Grabfunde lassen den Schluss zu, dass Weißenburg schon in jener Zeit eine zentralörtliche Funktion mit differenzierter Sozialstruktur hatte. Damit ist der Stadtteil rings um die Schranne als der älteste Siedlungskern der mittelalterlichen Stadt anzusprechen (vgl. Abb. 4). Unter dem neugotischen Gebäude der heutigen Schranne befinden sich noch immer die Grundmauern der *uhralt Pfarrkirch* St. Martin. Nach den Befunden, die dort bei Umbauten 1989/90 gemacht wurden, stammt der älteste Kirchenbau aus dem Ende des 7. Jahrhunderts. Parallel zu dem alamannischen Dorf bildete sich neben dem Platz „Am Hof" rings um die heutige Andreaskirche ein merowingischer Königshof. Beide Siedlungen gehörten damals zum Gau Sualafeld (*Sualafeld* = bewohntes Land an der Schwalb, einem kleinen Nebenfluss der Wörnitz), der sich bis zur Mitte des 8. Jahrhunderts zwischen dem alamannischen und dem bayerischen Herzogtum im Gebiet von Wörnitz und Altmühl bis hin zur Donau als karolingischer Verwaltungsbezirk ausgebildet hatte. Er ist für das Jahr 751 erst-

mals urkundlich bezeugt. Die Verwaltung oblag einem fränkischen Gaugrafen, der seinen Sitz wahrscheinlich auch im Weißenburger Königshof hatte.
Der Stadtname taucht erstmals im Jahr 867 in seiner frühmittelalterlichen Form *Uuizzinburc* in einer Urkunde Ludwigs des Deutschen auf. Zu jener Zeit war die Erinnerung an die römische Vergangenheit des Ortes zwar verblasst, doch gab man dem Areal des alten Römerkastells den Flurnamen „Kesselfeld" (lautgeschichtlich abzuleiten von *castellum*) und bezeichnete dessen Umgebung noch 1720 als „Weiße Bürg" (Abb. 6). Die Stadtgeschichtsforschung favorisiert daher die Deutung des Stadtnamens im Sinne einer „weißen Burg" (abgeleitet von den Resten der antiken Siedlung). Der karolingische Königshof könnte aber auch – so eine andere Deutung – von einem Verwalter mit Namen „Wizzo" geführt und nach diesem benannt worden sein. Ganz ist diese Theorie nicht von der Hand zu weisen, doch sprechen zahlreiche Hinweise eher für die „weiße Burg". Schon in den Siegelbildern des ältesten erhaltenen Stadtsiegels sowie des königlichen Verwalters (Meier, *Villicus*) aus dem Jahr 1241 wird die Stadt als Burg interpretiert (Abb. 3, links), deren weiße Farbe im Wappenbrief des zweiten Stadtwappens aus dem Jahr 1481 präzisiert wird (siehe Titelbild).

Unter den Franken wuchs der Königshof Weißenburg. Er bildete den südlichen Schlusspunkt einer Reihe fränkischer Königshöfe von Hallstadt über Forchheim, Herzogenaurach, Fürth und Schwabach. Karl der Große mag die günstige Lage Weißenburgs im Kampf gegen die Awaren 787/8 geschätzt haben. Auch hat er sich vermutlich während des Baus des Karlsgrabens im Herbst 793 im Weißenburger Umland, wahrscheinlich aber auch am Königshof selbst aufgehalten. Für 802 ist erstmals ein Graf *in pago, qui dicitur Sualafeld* bezeugt. Einer seiner Amtsnachfolger, Graf Ernst, gibt in einer Urkunde König Arnulfs aus dem Jahr 889 seine Zustimmung zur Schenkung ei-

nes Teils des Weißenburger Reichsforstes an den Bischof von Eichstätt. Demnach war der Sualafeldgraf mit der *curtis Weyssenburg* (Königshof Weißenburg) belehnt.
Anfang des 11. Jahrhunderts wurde das Gebiet um Weißenburg offenbar von dem Herzog von Schwaben verwaltet. Herzog Ernst II. empörte sich aber im Jahr 1028 gegen seinen Stiefvater Kaiser Konrad II. Dieser entzog ihm nach der Niederschlagung des Aufstands Weißenburg (1029). Vielleicht wollte Konrad II. das alte Reichsgut auch wieder stärker an das Königtum binden. Erstmals erscheint Weißenburg jetzt als Aufenthaltsort in den Urkunden deutscher Könige. Konrad II. ist einmal (28. Februar 1036), Heinrich IV. sogar dreimal (26. Oktober 1058, 1. Dezember 1059 und 20. Juli 1070) in Weißenburg nachweisbar. Auch wenn im Lauf des 11 Jahrhunderts, insbesondere nach der Erbauung der Königsburg in Nürnberg um 1050, die alte Grafschaft im Sualafeld zunehmend ihre frühere Geschlossenheit verlor, so sind unter den Saliern doch weiterhin gräfliche Amtsträger im Sualafeldgau nachweisbar. Einer von ihnen erscheint sogar als Graf Heinrich von Weißenburg (*in comitatu Heinrici comitis de Wizenburch*) in einer allerdings umstrittenen Urkunde Heinrichs IV. vom 22. Juli 1080. Zwischen 1028 und 1043 wurde die Benediktinerabtei St. Peter und Paul auf der Wülzburg gegründet, die als salische Stiftung vermutlich mit Königsgut ausgestattet wurde und unter der königlichen Schutzvogtei des Weißenburger Amtmanns stand.
Zwischen 1057 und 1075 weihte Bischof Gundekar II. von Eichstätt die romanischen Kirchenbauten von St. Martin und der späteren Pfarrkirche St. Andreas. Die königlichen Amtsträger und ihre Diener förderten das Wachstum der noch kleinen Siedlung, so dass bis zum Ende des 11. Jahrhunderts ein *Suburbium* (Vorort) zwischen Rosenstraße, Paradeisgasse und Andreaskirche entstand. Für die eigentliche Stadtwerdung Weißenburgs wird die Zeit Kaiser Konrads III. (1138–52) angenommen. Damals war der Königshof mit St. Andreas, das Suburbium und die sich östlich davon anschließenden Parzellen wahrscheinlich von einer Holz-Erde-Befestigung umschlossen. Man sieht dies noch heute an den Höhenlinien und der leichten Biegung der Gassen (Abb. 4).

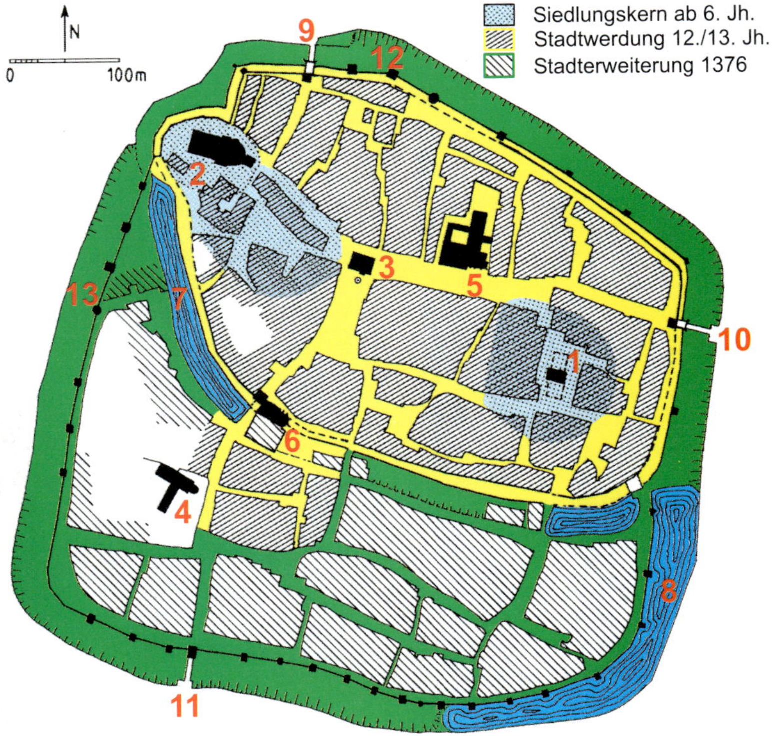

1 Urpfarrei St. Martin, später Schranne
2 Königshof / St.-Andreas-Kirche
3 Rathaus
4 Nonnenkloster (13. Jh.), „Klösterlein"-Spital
5 Karmeliterkloster (1325)
6 Neues Spital (Hl. Geist) 1459 / Spitaltor
7 Stadtgraben bis 1376 (Spitalweiher)
8 Stadtgraben ab 1376 (Seeweiher)
9 Ellinger Tor **10** Obertor **11** Frauentor
12 Schreckerturm (reichsstädt. Gefängnis)
13 Scheibleinsturm (Stadtgefängnis)

Abb. 4 Die Siedlungsperioden der Stadt Weißenburg im Mittelalter

Abb. 5 Nordfront der rekonstruierten „Porta Decumana“ des Kastells Biriciana mit originalgetreuem Außenputz

Abb. 6 Ausschnitt aus dem Kupferstich von J. B. Homann (um 1720) mit der Bezeichnung „Weisse Bürg“

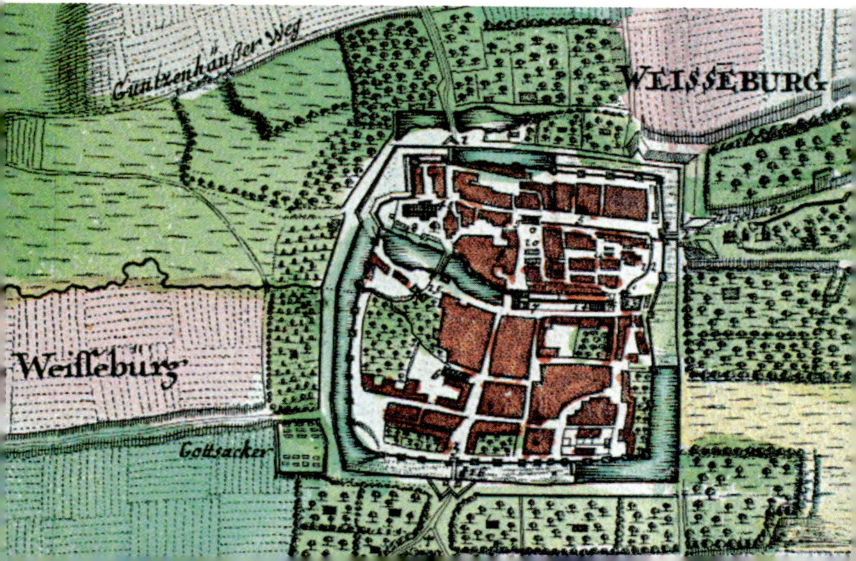

Die Verbindung der beiden Siedlungskerne – das merowingische Dorf im Osten und der Königshof mit *Suburbium* im Westen der Altstadt – erfolgte vermutlich nach 1170 unter Friedrich I. Barbarossa (1152–90), als die Siedlung planmäßig erweitert und dabei auch der dörfliche Teil um St. Martin in den nun entstandenen Mauerring einbezogen wurde. Im Jahr 1188 schlossen Friedrich I. Barbarossa und König Alfons VIII. von Kastilien einen Ehevertrag für ihre Kinder Konrad und Berengaria. Darin sagte Friedrich I. unter anderem den *burgus Wizenburch* mit allen seinen Zugehörungen und die *advocatia in Wilcenburch* (Klostervogtei Wülzburg) als Heiratsgut zu. Die Bezeichnung *Burgus* zeigt, dass Weißenburg nun eine befestigte Siedlung war, in der sich in der Folgezeit neben dem Königshof das wirtschaftliche Zentrum um den Markt entwickeln sollte. Der ovale Mauerring mit vorgelegtem Graben umschloss 13,7 Hektar und markierte bis 1376 die Außengrenzen der Stadt. Unter Kaiser Friedrich II. (1212–1250) und dessen Sohn Heinrich (VII.) (1222–1235) bildete Weißenburg ein eigenes städtisches Gemeinwesen aus. 1240 wurde die Stadt erstmals *civitas* genannt, 1241 erschien sie mit einer Veranlagung von 40 Mark Silber in der Reichssteuermatrikel und zahlte damit wie auch andere Königsstädte eine ihrer Wirtschaftskraft angemessene Steuer.

Um 1238 wurde das Augustinerinnenkloster (Abb. 7 u. 70) vor der südlichen Stadtmauer Weißenburgs gegründet (vgl. Stadtrundgang, Nr. 6). Nach dem baldigen Wegzug der Nonnen 1276 gingen Teile des klösterlichen Grundbesitzes an das Kloster Wülzburg über, unter dessen Leitung dann auch das 1331 durch Ludwig den Bayern in den alten Klostergebäuden gegründete Spital stand (*Klösterlein*). Auch übernahm das Kloster Wülzburg das Besetzungs-

Abb. 7 Siegel der Äbtissin der Augustinerinnen zu Weißenburg (1243)

recht der Pfarrei St. Andreas noch vor 1294. Das Patrozinium von St. Andreas wird erstmals 1326 genannt und erste Teile der Andreaskirche wurden 1327 geweiht. Die erste urkundlich bezeugte Besetzung der Pfarrei durch den Wülzburger Abt stammt vom 6. Dezember 1329.

Das 14. und frühe 15. Jahrhundert war für die Weißenburger eine Zeit wirtschaftlichen Wachstums, verfassungsrechtlicher Festigung und städtebaulicher Entwicklung. 1338 schenkte Kaiser Ludwig der Bayer der Stadt den größten Teil des südöstlich gelegenen Reichswaldes, der damit städtisches Eigentum und Grundlage der Weißenburger Wirtschaftskraft wurde. Das wichtige Privileg wurde 1350 von Karl IV. erweitert und 1355 erneut bestätigt.

Im Jahr 1360 gelang es den Städten Windsheim und Weißenburg, sich von der seit dem Jahr 1347 bestehenden Pfandherrschaft der Nürnberger Burggrafen zu befreien. Sie mussten dafür die Summe von 28 000 Gulden aufbringen. Karl IV. beteiligte sich daran mit 8000 Gulden, wovon ihm die Reichsstadt Nürnberg 2000 Gulden geliehen hatte. Außerdem erteilte der Kaiser beiden Städten am Tag der Pfandlösung das Unverpfändbarkeitsprivileg und eine auf 20 Jahre festgesetzte umfangreiche Steuerbefreiung. In der Folgezeit waren Windsheim und Weißenburg politisch eng mit Nürnberg verbunden, da sich diese Stadt für ihre Finanzhilfe vertraglich zusichern ließ, dass beide Städte erst dann einem neu gewählten römischen König huldigen sollten, wenn Nürnberg mit der Huldigung vorangegangen wäre. In Zukunft beriet Nürnberg Weißenburg in schwierigen Fragen und vertrat die Stadt durch Städteboten bei Hoftagen.

Abb. 8 Stadtbote (aus dem Hausbuch der Mendel'schen Zwölfbrüderstiftung Nürnberg)

Die Pfandlösung war nicht nur der wichtigste Schritt zum Erhalt der Reichsunmittelbarkeit, sondern machte auch den Weg frei zu eigenständiger Landfriedens- und Bündnispolitik. Welchen Aufschwung Weißenburg nach der Pfandauslösung nahm, zeigt allein der Umstand, dass bis 1376 die Stadtmauer ausgebaut und damit die gesamte Südvorstadt um das Spital herum in den Mauerring einbezogen wurde (s. Abb. 4). Dabei halfen den Weißenburgern eine Sondersteuer *von yedem eymer weynes, byeres odir anders trankes* (Ungeldprivileg 1372) und die ausdrückliche Erlaubnis Karls IV., eine solche große Mauer bauen zu dürfen (31. Juli 1376: *das sie ire vorstat zu Weysemburg mit mawern und graben umbundumb festen mugen*). Die Stadt hatte nun mit einer Fläche von 26 Hektar innerhalb des Berings ihre größte Ausdehnung und um 1400 mit etwa 2000 Einwohnern ihren ersten Entwicklungshöhepunkt erreicht.

Im Jahr 1419 lebte der seit dem 14. Jahrhundert bestehende Streit Weißenburgs mit dem Deutschen Orden wegen der Befestigung Ellingens wieder auf. Kaiser Karl IV. hatte dem Deutschen Orden im Jahr 1378 zunächst erlaubt, eine Stadtmauer um Ellingen zu bauen. Kurz danach widerrief er aber dieses Privileg und erteilte dem Deutschen Orden strengstes Bauverbot. Dieser respektierte die Anordnungen offenbar nur kurze Zeit und betrieb in den Folgejahren den stetigen Ausbau der Ortschaft. Die Streitigkeiten zogen sich über Jahrzehnte hin, bis König Sigmund Weißenburg am 10. April 1419 ermächtigte, für die Einstellung der Bautätigkeit des Deutschen Ordens in Ellingen (mit Gewalt) zu sorgen. Dieses Mandat setzte den vorläufigen Schlusspunkt unter die seit über 40 Jahren dauernden Auseinandersetzungen. Kurz danach forderten die Hussitenkriege die ganze Tatkraft sowohl der Reichsstädter als auch der Ordensmänner, so dass man sich regelrecht vertagte und die Sache auf sich beruhen ließ.

Mit der Verleihung der Blutgerichtsbarkeit setzte Kaiser Sigmund im Jahr 1431 einen Schlusspunkt unter die Entwicklung der reichsstädtischen Autonomie, da die Stadt Weißenburg nun vollständig eigenverantwortlich in ihrem Gerichtsbezirk handeln durfte. Als sich Friedrich III. im Frühjahr 1442 nach seiner Königskrönung in Aachen zu seinem ersten Hoftag in Nürnberg aufhielt, ließen sich die Weißenburger nicht nur ihre Freiheiten und Privilegien bestätigen, sondern erlangten auch die Belehnung ihres Ratsherrn Jobst Spalter mit dem Blutbann. Erstmals wurde damit ein bestimmter Ratsherr der Reichsstadt zum Richter erhoben. Bei dieser Gelegenheit erbaten sich die Weißenburger vom König noch eine besondere Vergünstigung, nämlich das Recht, das Ungeld zu verdoppeln, weil die Stadt *an ainem harten ort gelegen ist* und *von pawes und bevestigung wegen derselben stat in grosse geltschuld gefallen sey*.

Dieser Vorgang ist der Beginn einer Phase der Weißenburger Geschichte, die von großen finanziellen Nöten geprägt war und an deren Ende der sogenannte „Weißenburger Finanzskandal“ des Jahres 1481 stand. Dabei muss man die Steuererhöhung 1442 von dem Ungeldprivileg Karls IV. des Jahres 1372 wohl unterscheiden. Damals hatte man zuerst für ein gesichertes Einkommen gesorgt, bevor die neue Stadtmauer gebaut wurde. Nun war es umgekehrt. Bis etwa 1440 bauten die Bürger die Stadtkirche St. Andreas in aufwendiger Art und Weise aus. Die Stadt nahm dafür in der damals üblichen Weise Gelder in Form von Ewiggeldern und Leibgedingen auf, die hoch verzinst werden mussten. Auch hatten die Weißenburger während des ersten Markgrafenkriegs 1449 das Kloster Wülzburg gestürmt und geplündert, weshalb die Bürgerschaft unter Kirchenbann gestellt und erst nach Zahlung einer Buße von 400 Gulden davon befreit wurde. Das Ende der mittelalterlichen Blütezeit markieren schließlich die Bauten an der Andreaskirche (1459 Turmanbau), am Neuen Spital (Spitalkirche, um 1459) und am Gotischen Rathaus (1470–76).

Ab den sechziger Jahren des 15. Jahrhunderts wurden die Finanznöte Weißenburgs deutlich spürbar. So widerrief Kaiser Friedrich III. im September 1464 die gegen die Stadt Weißenburg von ihm ausgegangenen Vorladungen und Strafen, die er über sie wegen Unfolgsamkeit (Verweigerung der Kriegshilfe) verhängt hatte. Als Begründung gab Friedrich an, dass sich die Stadt durch ihren Schuldenstand und die Furcht, vom Reich getrennt zu werden, entschuldigt hatte. Dafür setzte der Kaiser 1465 mit Hans von Schaumberg einen Amtmann ein, den die Stadt nur unter Protest anerkannte. Spätestens ab 1469 war

der Pappenheimer Reichserbmarschall in diesem Amt tätig, und 1473 setzte Friedrich III. erneut einen Amtmann in Weißenburg gegen den ausdrücklichen Willen der Bürgerschaft ein. Das widersprach den Privilegien, welche die Stadt unter Ludwig dem Bayern und Karl IV. erlangt hatte und muss deshalb als Zwangs- und Kontrollmaßnahme des Kaisers verstanden werden. Andererseits versuchte Friedrich III., den Weißenburgern finanziell nochmals unter die Arme zu greifen und gewährte der Stadt am 4. März 1476 das Privileg, ihre Zolleinnahmen erhöhen zu dürfen. Trotzdem konnte der Stadtrat seine Finanzprobleme nicht lösen. Schließlich kam es 1481 zur Eskalation. Am 22. September enthob Friedrich III. die *Regirer* der Reichsstadt von ihren Ämtern, da diese mit ihrem *unordentlich bös regiment* die Stadt in große Schulden gebracht hatten. Der Kaiser setzte einen neuen Rat ein und befahl, das ganze im Gebiet der Reichsstadt liegende Vermögen der Schuldigen zu beschlagnahmen und zugunsten der Stadt zu verwenden. Auch wurden einige der vormaligen Ratsherren ins Gefängnis geworfen. Mancher hat diesen Skandal nur wenige Wochen überlebt. Der Konkurs konnte nur durch kaiserliches Mandat verhindert und durch eine langjährige Schuldentilgungsregelung bereinigt werden. Analog zur Einsetzung eines neuen Stadtrates verlieh Kaiser Friedrich III. der Stadt im September 1481 ein neues „gebessertes“ Wappen (siehe Titelbild), das man unter diesen Umständen nur im Sinne eines radikalen Bruchs mit der alten Stadtregierung, als Symbol des Neuanfangs, aber auch der nach wie vor bestehenden Bindung der Stadt an Kaiser und Reich deuten kann.
Die ersten Jahre nach dem Finanzskandal waren eine von Unsicherheit und Furcht vor den Gläubigern geprägte Periode, die bis in die umwälzende Epoche der Reformation hinein andauerte. Man konnte den Verlust der Reichsunmittelbarkeit zwar verhindern, doch war die kleinste der fünf fränkischen Reichsstädte nun in starke Abhängigkeit von der größten – Nürnberg – geraten.
Am deutlichsten wird die enge Beziehung der beiden Städte in der Weißenburger Haltung gegenüber der evangelischen Konfession. Im Gefolge Nürnbergs schloss sich die Stadt am 22. April 1529 der Speyerer „Protestation“ unter der Führung des Kurfürsten zu Sachsen an, nachdem sich bereits seit 1524 reformatorisch ge-

sinnte Prediger und Teile der Bevölkerung für die neue Lehre stark gemacht hatten. Schließlich erklärte der Weißenburger Vertreter am 21. Juli 1530 auf dem berühmten Reichstag in Augsburg den Anschluss seiner Stadt an das evangelische Bekenntnis. Wie kaum zuvor und auch in späteren Jahrhunderten nicht wieder befand sich Weißenburg damals mitten im Zeitgeschehen. Während des Augsburger Reichstages wurden über Wochen hinweg Briefbotschaften zwischen dem auf der Veste Coburg ausharrenden Martin Luther und Philipp Melanchthon in Augsburg (über Nürnberg, Weißenburg und Donauwörth) gewechselt. Der große Humanist und Freund Luthers verbrachte im April 1530 eine Nacht in Weißenburg – ein Besuch, der die Bevölkerung sicher ebenso beeindruckt haben dürfte wie die kurzen Aufenthalte des Kurfürsten Johann von Sachsen und des Landgrafen Philipp von Hessen im April und Mai desselben Jahres während ihrer Reise nach Augsburg. Die Entscheidung über die Annahme der *Confessio Augustana* innerhalb der Bürgerschaft fiel am 15. November 1530 bei einer großen Abstimmung in der Andreaskirche. 454 Bürger waren erschienen und entschieden sich mit überwältigender Mehrheit für die evangelische Glaubenslehre. Nur sieben Bürger wollten von ihrem alten Glauben nicht lassen und verließen bald darauf die Stadt. Seit dieser Zeit und bis weit ins 19. Jahrhundert hinein gehörten fast alle Weißenburger dem evangelischen Gauben an. Man trotzte den gegenreformatorischen Versuchen, den Katholizismus wieder einzuführen, bis schließlich der Augsburger Religionsfriede von 1555 der Stadt die Religionsfreiheit zusicherte. Die alleinige Kirchenhoheit erlangte man damit allerdings nicht, denn die säkularisierten Besitzungen des Klosters Wülzburg waren mittlerweile an den Ansbacher Markgrafen gefallen, der damit auch das Patronatsrecht über die Stadtpfarrei St. Andreas ausübte. Daher unterstand der Stadtpfarrer bis 1806 dem ansbachischen Dekan in dem benachbarten Dorf Weimersheim.

Nur wenige Jahre nach Fertigstellung der wehrhaften Ansbacher Artilleriefestung auf der Wülzburg (vgl. S. 101/102) sollte sich deren Gefahrenpotential für die Reichsstadt zu ihren Füßen erweisen. Bis 1631 war Weißenburg von dem zerstörerischen Treiben des Dreißigjährigen Krieges weitestgehend ver-

Abb. 9 Ausschnitt aus dem Weißenburger Konfessionsbild in der Andreaskirche: Übergabe der Confessio Augustana 1530

schont geblieben, wenn sich auch die wirtschaftliche Situation seit den zwanziger Jahren stark verschlechterte und man wiederholt von durchziehenden kaiserlichen Truppen heimgesucht wurde. Doch der Kriegsschauplatz verlagerte sich in den Süden des deutschen Reiches, so dass schließlich im Winter 1631 die katholische Liga unter General Tilly im Fränkischen Einzug hielt. Tilly selbst nahm im Dezember 1631 in Weißenburg Quartier und erpresste die Übergabe der Festung Wülzburg. Als aber im März 1632 der Schwedenkönig Gustav Adolf heran marschierte, zogen sich die Kaiserlichen auf die Wülzburg zurück. Die Festung blieb bis zum Kriegsende fest in katholischer Hand. Selbst Gustav Adolf vermochte daran nichts zu ändern, als er am 24. März 1632 nach Weißenburg kam. Die militärisch schwache Reichsstadt sollte in den folgenden Jahren sehr unter den Kriegsereignissen zu leiden haben. Belagerungen, Besatzungen, Plünderungen und Brandschatzungen hatte die Weißenburger Bevölkerung von Schweden und Kaiserlichen in gleichem Maße zu erdulden wie Belastungen durch Kriegskontributionen, Hunger und Pest. Noch im Januar 1647 kam es zur letzten und schwersten Belagerung der schwedisch besetzten Stadt durch ein 1500 Mann zählendes Heer. Danach lagen weite Teile der Weißenburger Stadtbefestigung sowie zahlrei-

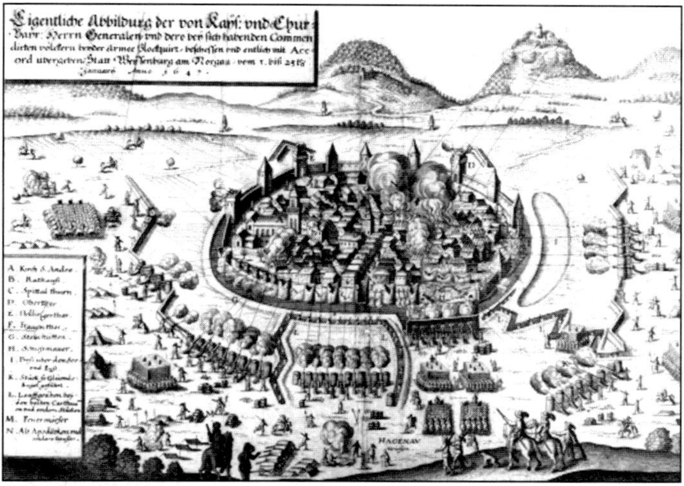

Abb. 10 Beschießung von Weißenburg 1647, Kupferstich

che Häuser in Schutt und Asche. Langsam erholte man sich aber, und es gelang der allmähliche Wiederaufbau. Auch die Bevölkerungszahlen stiegen wieder an, was nicht zuletzt auf den vermehrten Zuzug der Glaubensflüchtlinge aus Oberösterreich nach 1650 und insbesondere aus dem Salzburger Land 1731/32 zurückzuführen war. Die Weißenburger bereiteten den Emigranten auf ihrem Durchzug nach Ostpreußen einen herzlichen Empfang und stritten sich sogar um die Ehre, die Familien bei sich übernachten zu lassen und verpflegen zu dürfen. Georg Voltz schildert in seiner Chronik die Ankunft von 890 Flüchtlingen am 9. August 1732 mit folgenden Worten: *Als nun der ganze Zug auf dem Markt bei dem Rathhaus sich versammelt hatte, konnte man sich nicht genug wundern, dass diese Menge Leute so bald und fast in einer Viertelstunde schon in die Häuser vertheilt und von den Stadtleuten hineingeführt worden ist (...) Ja gar viele unter ihnen konnten Niemand mehr bekommen, und wenn auch noch so viel Salzburger gewesen wären, so würden sie doch alle wohl versorgt worden*

seyn! Nicht alle der insgesamt 1600 Salzburger Flüchtlinge zogen weiter. Einige blieben in Weißenburg und fanden hier eine neue Heimat. Sie brachten handwerkliches sowie kaufmännisches Geschick und Wissen mit und stärkten damit die Weißenburger Wirtschaftskraft. Fremde Zuwanderer waren es auch, die ein neues Handwerk nach Weißenburg brachten. Es besteht bis heute und hatte zweifellos im 18. Jahrhundert seine Blütezeit. Gemeint ist die Leonische Industrie, also Posamenten- und Bortenmacherei aus Silber- und Goldtressen. Der erste Bortenmacher kam noch während des Dreißigjährigen Krieges aus Frankfurt am Main nach Weißenburg (um 1637). Ihm folgten weitere Drahtzieher aus Norddeutschland. Mit ihnen etablierte sich die Bortenmacherzunft innerhalb der Bürgerschaft, so dass der Beruf bald zur Familientradition mehrerer Generationen wurde.
Das erneute Aufblühen der ehrwürdigen Reichsstadt schlug sich auch in der Bautätigkeit ihrer Bürger nieder. Davon zeugen zahlreiche Um- oder Neubauten der repräsentativen Bürgerhäuser an den Hauptachsen der Stadt, die ab der Mitte des 18. Jahrhunderts das Stadtbild veränderten. Das sogenannte Blaue Haus, das der wohlhabende Fabrikant Georg Zacharias Roth 1765/66 erbauen ließ, gilt als eines der Prunkhäuser dieser Zeit. Man „modernisierte" aber nicht nur im privaten Bereich, sondern gab auch den Kirchen barockes Gepräge. Der Innenraum der Karmeliterkirche wurde zwischen 1712 und 1729 mit einer neuen Orgel, barocken Altären und einem von den Ellinger Stuckateuren Johann Georg Auernheimer, Johann Chr. Brügel und Josef Anton Polz gefertigten Deckenspiegel ausgestattet. Man profitierte in dieser Zeit von der Anwesenheit der Barockkünstler, die in Ellingen und Eichstätt an den dortigen Residenzen des Deutschen Ordens bzw. des Bischofs arbeiteten. Der in Eichstätt als Hofbaudirektor tätige Architekt Gabriel de Gabrieli (1671–1747) wurde mit der Erhöhung des Spitaltorturmes beauftragt, und auch im Inneren wurde die Spitalkirche mit einer barocken Stuckdecke verziert. Pläne, die Andreaskirche ebenfalls zu barockisieren, wurden trotz einiger konkreter Vorschläge in den Jahren 1739/40, 1748 und 1751 wohl aus Kostengründen letztlich nicht realisiert.

Das Ende der Reichsstadtzeit kam für Weißenburg zu Beginn des 19. Jahrhunderts, als im Zuge der Französischen Revolution und der Napoleonischen Kriege auch das Alte Reich seinem Ende entgegenging. Nach dem Frieden von Lunéville (9. Februar 1801) zwischen Frankreich, Österreich und dem Deutschen Reich und der damit verbundenen Umstrukturierung der deutschen Lande wurde Weißenburg Bayern zugesprochen. Mit kurfürstlichem Reskript vom 23. August 1802 besetzte ein bayerischer Kommissar am 9. September 1802 Weißenburg mit 160 Mann Militär. Im November folgte die Übergabe des reichsstädtischen Siegels und die Vereidigung der Stadträte, Beamten, Lehrer und Pfarrer auf den neuen Stadtherren. Damit verlor die Stadt nach über 500 Jahren ihre Reichsfreiheit. Allerdings wurde das nunmehr bayerische Weißenburg vollständig von preußischem Territorium umschlossen, da Markgraf Alexander von Ansbach-Bayreuth 1791 zugunsten seiner preußischen Verwandten abgedankt hatte und die Stadtgrenzen damit gleichzeitig Staatsgrenzen zum preußischen Staat geworden waren. Das wülzburgische Verwaltungsamt im „Klösterlein“ wurde sogar preußische Enklave in der Stadt. Die Folge war, dass im Haupt-, Landes-, Grenz- und Purifikationsvergleich vom 22. November 1803 Weißenburg an Preußen abgetreten wurde. Die preußische Oberhoheit war wiederum nur ein kurzes Intermezzo zwischen 1804 und 1806, denn durch den Frieden von Preßburg (26. Dezember 1805) und den Vertrag von Paris (15. Februar 1806) gewann das junge Königreich Bayern das Fürstentum Ansbach und erhielt somit Weißenburg zurück, das damit endgültig zur königlich bayerischen Landstadt wurde.

Weißenburg im 19./20. Jahrhundert

Während der Reichsstadtzeit bildeten die Stadtgrenzen gleichzeitig die Siedlungsgrenzen Weißenburgs, da vor den Stadttoren andere Herrschaften lagen und damit fremdes Territorium begann. Dies änderte sich nach 1806. Allerdings kam es erst mit der beginnenden Industrialisierung und vor allem nach dem Bau der Eisenbahn und des Bahnhofes 1867-69 zu einem nennenswerten Bevölkerungszuwachs und der Entstehung einiger Villenviertel entlang der Ausfallstraßen von Weißenburg. War

die Bevölkerung bislang überwiegend protestantisch, so bildete sich während des 19. Jahrhunderts eine immer größer werdende katholische Einwohnerschaft, die schließlich 1871 eine Expositur und im Jahr 1890 eine Pfarrei erhielt. Die dazugehörige Kirche St. Willibald wurde nach Plänen des Architekten Wilhelm Langenfaß (1819-1898) im neugotischen Stil 1869 bis 1871 errichtet. Auch an anderen Ecken der Stadt wurden in dieser Zeit Veränderungen vorgenommen. So wurden die Mauern für eine direkte Verbindung der Altstadt zum Bahnhof im Jahr 1870 durchbrochen und die beiden alten Stadttore im Süden und Osten, das Frauentor und das Obertor, zwischen 1874 und 1878 abgerissen.
Die letzten 100 Jahre brachten für Weißenburg große Veränderungen mit sich. Aus der kleinen verschlafenen bayerischen Landstadt wuchs allmählich eine wirtschaftlich und kulturell gleichermaßen engagierte mittlere Kleinstadt heran. Im Zweiten Weltkrieg blieb Weißenburg weitestgehend von Zerstörung verschont, was wiederum Auswirkungen auf die Zeit danach haben sollte. Aufgrund der Nähe zur stark gefährdeten Industriestadt Nürnberg wurden einige Industriefirmen hierher ausgelagert und blieben auch nach Kriegsende in der Stadt. Hatte die Stadt vor dem zweiten Weltkrieg etwa 8000 Einwohner, so stieg diese Zahl 1945/46 rasch um 6000 auf etwa 14 000 an – Flüchtlinge und Vertriebene aus den deutschen Ostgebieten, die zunächst im Flüchtlingslager auf der Wülzburg untergebracht und von dort in der Stadt und im Umland angesiedelt wurden. Wie schon bei den Glaubensflüchtlingen der Barockzeit brachte auch dieser Bevölkerungszuwachs einen erneuten Wirtschaftsaufschwung mit sich. Vor allem die Bauwirtschaft profitierte von dieser Entwicklung. Man war gefordert, für die Neubürger Wohnraum zu schaffen, und das möglichst schnell. Ganze Stadtviertel entstanden daher erst nach 1945 im Norden, Osten und Westen der Stadt.
Mit der Gemeinde- und Gebietsreform 1972-1978 wurden die beiden Altlandkreise Weißenburg und Gunzenhausen sowie die kreisfreie Stadt Weißenburg in dem neu geschaffenen Landkreis Weißenburg-Gunzenhausen vereint. Durch die Eingemeindungen von insgesamt neun ehemaligen Gemeinden samt

Ortsteilen und einem Gemeindeteil (Hagenbuch) in der Umgebung wuchs das Stadtgebiet auf rund 100 Quadratkilometer mit einer derzeitigen Bevölkerungszahl von etwa 18 900 Personen (Juli 2000) an. Davon entfallen rund 56 Prozent auf evangelisch-lutherische, etwa 30 Prozent auf katholische und ungefähr 14 Prozent auf anders konfessionelle Einwohner.
Zwei Industriegebiete im Norden und Süden der Stadt bieten der heimischen Wirtschaft und Industrie den Raum für Entwicklung und Wachstum. Herausragend in der Weißenburger Gewerbelandschaft sind die Bereiche der Aluminiumprofil- und -drahtherstellung, der nach wie vor ansässigen Leonischen Industrie, des Maschinen- und Turbinenbaus, der Schreibgerätefertigung, der Kunststoffverarbeitung und Autozulieferer sowie der Siebdruckfarben.

II. DAS REICHSSTADTMUSEUM

Nach dem Fund des Weißenburger Römerschatzes 1979 wurde in dem städtischen Gebäude des damaligen Heimatmuseums zwischen 1981 und 1983 das Römermuseum als Zweigstelle der Prähistorischen (jetzt: Archäologischen) Staatssammlung München untergebracht. Danach bemühte sich die Stadt Weißenburg um die Einrichtung eines neuen heimatgeschichtlichen Museums. 1991 konnte zu diesem Zweck das Haus Am Hof 6 erworben werden, ein um 1784 errichteter massiver Giebelbau unweit des Römermuseums. Mit wissenschaftlicher Unterstützung der Universität Eichstätt wurde bis 1998 ein thematisches Museum geschaffen, das die reichsstädtische Vergangenheit der Stadt Weißenburg in verschiedenen Sequenzen mit Schrifttafeln und Ausstellungsobjekten lebendig werden lässt. So liegt dem Reichsstadtmuseum keine chronologische Konzeption zugrunde, sondern das Bemühen, die Stadtgeschichte in einzelnen wesentlichen Aspekten zu beleuchten.

Der Raumstruktur des Hauses folgend gliedert sich der Rundgang durch das Museum in drei Ebenen, vom Erdgeschoss bis in das zweite Obergeschoss. Das dritte Obergeschoss ist Sonderausstellungen vorbehalten. Die damit vorgegebene Gliederung bestimmt auch die Darstellung im Folgenden. Die Nummern hinter den Überschriften beziehen sich auf die Nummerierung im Plan in der vorderen Umschlagklappe und sind mit der Nummerierung im Museum nicht identisch. Die Reihenfolge der einzelnen Themen wurde aber beibehalten. Jeder Abschnitt ist mit einem sachbezogenen Text und daran anschließenden Beschreibungen zu den wichtigsten Exponaten versehen (gekennzeichnet mit ⌘). Ergänzend zu den Fotos aus der Ausstellung wurden zur Veranschaulichung früherer Berufe Abbildungen aus dem Hausbuch der Mendel'schen Zwölfbrüderstiftung Nürnberg in den Text eingefügt.

Bei den ausgewählten Objekten wurde darauf verzichtet, die Herkunft der im Original vorhandenen Stücke extra zu bezeichnen. Die folgenden Ausführungen basieren auf den Texten, die im Museum auf den Schau- und Erläuterungstafeln zu lesen sind. Die Autoren jener Texte waren Prof. Dr. R. A. Müller und

St. Schuch (beide Eichstätt) sowie R. Kammerl und H. Richter (beide Weißenburg).
In einer künftigen Erweiterung des Museums wird unter anderem mit Exponaten der ehemaligen „Kaadener Heimatstuben" die Geschichte der Heimatvertriebenen dargestellt.

EG Eingangsbereich (1)

Im Vorraum des Reichsstadtmuseums werden Besucher zunächst von der Aufsicht an der Theke empfangen, doch schweift der Blick schnell zu einem Marktstand und einem stilisierten Brunnen mit einer alten Brunnenfigur (Abb. 12). In dessen Hintergrund befindet sich das stark vergrößerte Detail des Marktplatzes aus dem kolorierten Kupferstich von Johann Baptist Homann (um 1720, Abb. 13, 14). So wird der Eindruck vermittelt, als würde man sich auf dem Markt und damit im Zentrum der alten Reichsstadt befinden.

Markt und Marktordnung (2)

Zur Grundausstattung jeder Stadt gehörte im Mittelalter das Marktrecht, d. h. das Recht, Märkte abhalten und Zölle auf die Waren erheben zu dürfen. Dieses Recht wurde der Stadt von ihrem Stadtherrn verliehen, in der Reichsstadt Weißenburg also vom König. Die Abhaltung regelmäßiger Märkte war ein wichtiger Wirtschaftsfaktor und eine der Grundvoraussetzungen für das Wachsen einer Stadt, denn nur dort, wo gehandelt wurde, ließen sich Handwerker und Kaufleute nieder. An vom Rat festgelegten Tagen fand der Wochenmarkt statt und ermöglichte den Güteraustausch zwischen Stadt und Land. Man schützte dieses außerordentlich wichtige Privileg durch die Marktgerichtsbarkeit und die Marktordnung, die in den Statuten und Satzungsbüchern der Städte schriftlich niedergelegt waren. Auf diese Weise

Abb. 11 Kaufmann

◂ *Abb. 12 Originale Brunnenfigur des Marktbrunnens im Eingangsbereich des Reichstadtmuseums Weißenburg*

Abb. 13, 14 Kupferstich von Johann Baptist Homann, um 1720, daraus: Marktplatz ▴ und Stadtansicht ▾

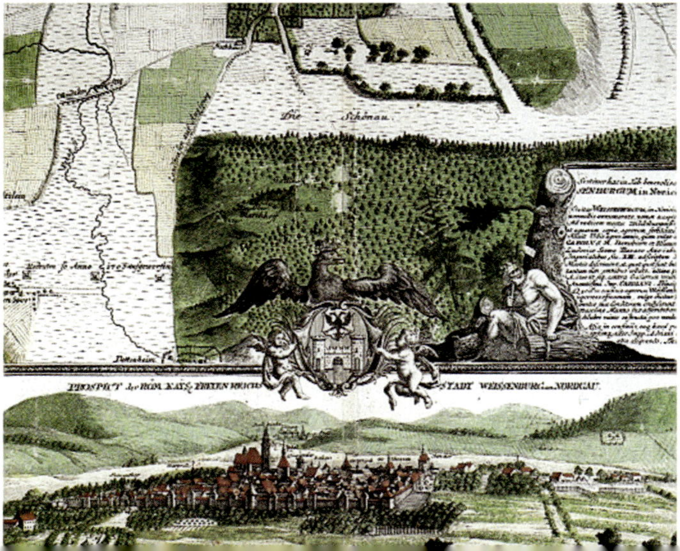

versuchte man, die Marktbesucher vor Diebstahl und anderen Rechtsbrüchen zu bewahren. Die Marktgerichtsbarkeit, auch das Niedere Gericht genannt, unterstand dem Rat der Reichsstadt. Verfehlungen wie Betrug oder Diebstahl wurden vor das Stadtgericht gebracht, dort verhandelt und der Schuldige verurteilt. Man ging dabei nicht gerade zimperlich vor. Die Höchststrafe des Marktgerichts sah z. B. vor, einem verurteilten Dieb die rechte Hand abzuschlagen. Das traf denjenigen ausgesprochen hart, denn die rechte Hand war nicht nur die Diebeshand, mit welcher der Übeltäter nun nicht mehr stehlen konnte. Viel schlimmer war, dass er jetzt nicht mehr in der Lage war, einen Eid zu leisten oder ein Geschäft per Handschlag abzuschließen, denn dazu brauchte man die rechte Hand.

Im Zentrum der Reichsstadt Weißenburg stand das Rathaus, an dessen Ostseite sich der Holzmarkt anschloss. Auf dem Marktplatz an der Südseite befand sich der „Schöne Brunnen", ein Prachtbrunnen, der nicht allein der Wasserversorgung diente, sondern durch seinen figuralen Schmuck auch das reichsstädtische Selbstbewusstsein zum Ausdruck brachte. Die aus dem frühen 17. Jahrhundert stammende Brunnenfigur, die der Volksmund als „Schweppermann" bezeichnet, ist aus Bronze und Blei gefertigt (Abb. 12). Neben der Fahne in der Rechten hielt der Ritter, wie einem zeitgenössischen Bericht zu entnehmen ist, in seiner linken Hand einen Schild. Mit dem legendären Ritter Seyfried Schweppermann (um 1256–1337), der gemeinsam mit Bürgern der Stadt in der Schlacht von Mühldorf (1322) gesiegt haben soll, hat die Brunnenfigur jedoch nichts zu tun (vgl. Stadtrundgang, Nr. 3). Vielmehr stand sie als Symbol des Königsbannes, der Marktfreiheit und Marktgerichtsbarkeit im Mittelpunkt der Stadt.

In den Marktordnungen wurden die Rahmenbedingungen der Märkte festgelegt (Münzfuß, Maße, Gewichte, Preise). Auch kannte man Warenkontrolleure („Schauer") und legte fest, auf welchen Plätzen und in welchen Häusern die Waren verkauft werden sollten. Noch heute erinnern bestimmte Platz- oder Hausnamen an eine solche Funktion in früherer Zeit. In Weißenburg gab es neben dem Hauptmarkt noch den Holzmarkt, Getreide- und Mehlmarkt sowie den Schweinemarkt für Fleisch-

Abb. 15 Bäcker

produkte. Die auf dem Markt feilgebotenen Waren unterlagen einer strengen Qualitätskontrolle durch eigene Stadtämter. Brotschauer, Bier- und Weinkieser, Fleischsetzer, Schafschauer, Zeichenmeister und der das Eichmaß überwachende Einleger kontrollierten Produkte und Handel.

Man unterscheidet zwei verschiedene Markttypen. Zum einen sorgten die regelmäßig abgehaltenen Wochenmärkte für die wirtschaftliche Grundversorgung der Städte. Alle notwendigen meist landwirtschaftlichen Güter wurden hier angeboten: Getreide, Obst, Schmalz, Käse, Fische sowie die im Umland angebauten Rohstoffe für das Gewerbe wie Flachs, Hanf, Wolle und Holz. Diese Waren wurden von den bäuerlichen Hintersassen feilgeboten. Umgekehrt versorgten sich die Bauern aus dem Umland auf dem Markt mit den Handwerksprodukten der Städter (Tuche, Messer, Nadeln, Schuhe usw.). Neben den Wochenmärkten wurden auch Jahrmärkte abgehalten. Sie fanden im Abstand mehrerer Wochen zu festgelegten Terminen statt. In Weißenburg gab es acht Jahrmärkte, wovon heute noch vier als Sonntagsmärkte zu Lichtmess, Martini, Walpurgis und Johannis gehalten werden. Auch lag Weißenburg an zwei alten Fernstraßen und war damit an das netzartige System der Jahrmärkte und Messen in Oberdeutschland angeschlossen. Die wirtschaftliche Bedeutung eines Jahrmarktes ging weit über die kleinräumige Marktfunktion eines Wochenmarktes hinaus. Die Jahrmärkte hatten einen größeren Einzugsbereich, so dass sich die Reichsstädte mit dieser Marktform für ihr Umland als Umschlagplatz höherer Ordnung etablieren konnten.

Abb. 16 Brauer

⌘ **Ansicht der Stadt Weißenburg von Süden**
aus: Gabriel Bodenehr, *Europens Pracht und Macht*, Augsburg 1730; Reproduktion
„Prospect der des Heil(igen) R(ömischen) R(eichs) Stadt WEISSENBURG am Nordgau, gegen Mittag“ ist dieser Kupferstich betitelt. Relativ detailgenau wird hier die Stadt dargestellt. Die wichtigsten Bauwerke sind in einer neun Nummern umfassenden Legende bezeichnet. Unter der Ansicht findet sich ein kurzer Geschichtsüberblick.

Vogelschauplan von Weißenburg (Abb. 17)
Radierung aus: Gabriel Bodenehr, *Anderer Teil des Tractats so betitelt Force d' Europe*, Augsburg o. J.; Reproduktion
Die zu Anfang des 18. Jahrhunderts entstandene Radierung weist auffällige Ähnlichkeiten mit der Stadtansicht in der Flurkarte von 1726 auf. Einzelne Gebäude der Stadt sind aus der Vogelperspektive von Westen aus dargestellt, wenn auch viele nur stilisiert wiedergegeben werden.

Ansicht der Stadt Weißenburg von Norden (Abb. 18)
aus: Stammbuch des Michael Eder, 1652; Reproduktion
„Nescio, quo natale solum dulcedine cunctos ducit, et immemores non sinit esse sui.“ Diese lateinische Bildunterschrift stammt aus den Briefen Ovids (Ovid, Epistolae ex Ponto, 1. Buch, Gedicht Nr. 3). Sie verrät nicht nur die Bildung des angehenden Studenten Michael Eder, sondern auch dessen Anhänglichkeit an seine Heimatstadt: *Mit unbegreiflicher Süße zieht die Heimaterde alle an und lässt nicht zu, dass sie ihrer vergessen.* Bevor Eder seine Vaterstadt 1652 Richtung Universität Altdorf verließ, legte er sich ein „Stammbuch“ zu, eine Art Erinnerungs- oder Reisetagebuch, in das er ganz zu Beginn diese im Original nur 8,4 mal 12,3 Zentimeter große Ansicht der Stadt von Norden zeichnete. Trotz perspektivischer Unzulänglichkeiten zeigt die Abbildung alle Gebäude, die noch heute die Altstadt prägen: die damals schon profanierte Urkirche St. Martin (heute neugotische Schranne), die Karmeliterkirche, das Gotische Rathaus, das Ellinger Tor und die St.-Andreas-Kirche.

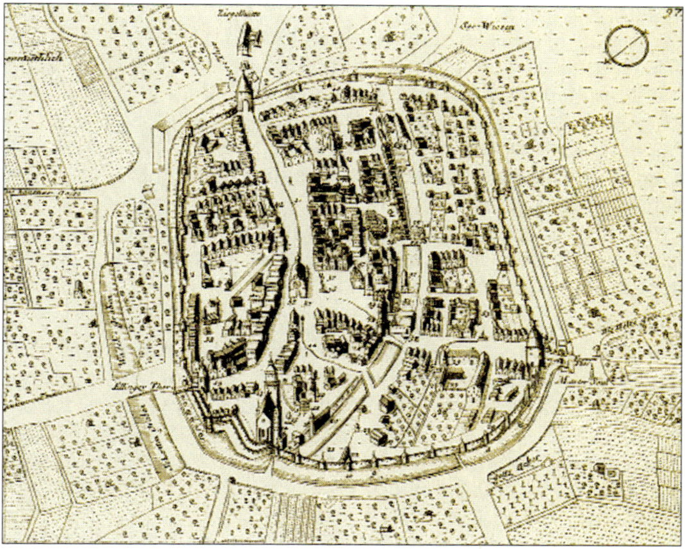

Abb. 17 Vogelschauplan von Gabriel Bodenehr

Abb. 18 Ausschnitt aus dem Stammbuch des M. Eder, 1652

Weißenburg um 1720
Kupferstich von Johann Baptist Homann (Abb. 6, 13, 14)
Der Nürnberger Verleger und Kupferstecher Johann Baptist Homann fertigte um 1720 eine Karte der Weißenburger Flur, die er in typisch barocker Ausführlichkeit mit *„Acurater Prospect u. Grundris der Gegend der kayserl. freyen Reichs Stadt Weissenburg am Nordgau ...“* betitelte. Neben einem lateinischen Geschichtsabriss fügte er noch eine Ansicht der Götzensteine von Emetzheim, der Weißenburger Andreaskirche, eine Stadtansicht von Süden und eine Ansicht des Marktplatzes mit Gotischem Rathaus hinzu.

Geleitsäule 1680 (Sandstein)
Die Geleitsäule stand an der Straße nach Dettenheim und markierte die Grenze zwischen dem Gebiet der Reichsstadt Weißenburg und dem Territorium der Erbmarschälle von Pappenheim. Häufig gab es Streit wegen der Geleitrechte mit den Nachbarn in Pappenheim und den Markgrafen von Brandenburg-Ansbach. Die Jahreszahl 1612 bezieht sich auf die zerstörte Vorgängersäule.

Wetterfahne der St. Andreas-Kirche 1760
Eisenblech mit Reichsadler
1760 wurde das Dach des Ostturmes der Andreaskirche abgebrochen und neu aufgerichtet. Die Wetterfahne bezeugt mit der Jahreszahl und dem Monogramm 17 G.L.R.St.B.M. 60 die Verdienste um den Wiederaufbau des Stadtbaumeisters Georg Leonhard Raab.

Deutsches Reich (3)

Der (niemals offizielle) Titel des Deutschen Reiches sollte dessen Platz im göttlichen Heilsplan sowie seine Nachfolge des antiken Römischen Reiches zum Ausdruck bringen. Die „Römischheit“ des Reiches berief sich auf die Kaiserkrönung Karls des Großen in Rom im Jahr 800 *(Translatio Imperii).* Ihr wurde von Kaiser Friedrich Barbarossa im 12. Jahrhundert zudem die „Heiligkeit“ (*sacrum imperium*) hinzugefügt, die das Deutsche Reich gleichberechtigt neben das byzantinische Imperium stel-

len sollte. Doch bildete das mittelalterliche deutsche Reich keine Einheit, keinen Staat im heutigen modernen Sinn, weil es als Großreich aus verschiedenen Staaten bestand und kein Reichsvolk besaß, sondern viele Völker im Reich hatte. So hatte es auch keine Hauptstadt, sondern deren mehrere.
Unter dem „Heiligen Römischen Reich deutscher Nation“ verstand man in der frühen Neuzeit jenes Gebiet im Herzen Europas, das über die heutigen Grenzen Deutschlands hinaus von der Nordsee bis zur Adria reichte. Im Westen wurde das Reich von Burgund, Lothringen und Luxemburg bis Flandern und Friesland und im Osten von Pommern und Brandenburg sowie Schlesien, Mähren und Böhmen bis weit in den Südosten von den Herzogtümern Krain und Görz (heute Slowenien) begrenzt. Dieses Reich war kein einheitliches Gebiet, sondern bestand aus einer Vielzahl kleiner und großer Territorien, den Reichsständen. Zu diesen Reichsständen zählten weltliche und geistliche Kur- und Reichsfürsten, Grafen und Herren und die Reichsstädte. Die Zahl der Reichsstände schwankte durch das Aussterben einzelner Linien oder Erbteilungen, lag aber bei ungefähr 350 Territorien unterschiedlichster Größe und Bedeutung und wird gern als „Flickenteppich“ bezeichnet.
Über dieser Vielzahl an Reichsständen stand als verbindende Klammer das Reichsoberhaupt, der Kaiser. Als Gegenspieler fungierten in unterschiedlichem Verhältnis die genannten Reichsstände. Ihre Macht gegenüber dem Kaiser wuchs im Mittelalter und in der Neuzeit, als die Kaiser in ihren politischen Aktivitäten, z. B. in den Auseinandersetzungen mit dem Papst in Italien oder gegen die Bedrohungen durch die vorrückenden Türken, auf die militärische und finanzielle Hilfe der Reichsstände angewiesen waren. Ihre Unterstützung ließen sich die Reichsstände in Form von Verpfändungen und der Abtretung kaiserlicher Rechte, den sogenannten Regalien, gut bezahlen: Mit Hilfe des Zoll-, Münz- oder Bergwerksregals schufen die Territorialherren jene ökonomische Basis, die dem Reichsoberhaupt zunehmend fehlte und ihn von den Reichsständen abhängig machte. Diese Abhängigkeit wird auch daran deutlich, dass das Heilige Römische Reich deutscher Nation stets ein

Wahlreich blieb, während die Territorien seit frühester Zeit erblich waren.
Der Kampf zwischen dem Kaiser und den mächtigeren, größeren Reichsständen um eine eher zentralistische oder eher föderalistische Struktur der Reichsverfassung prägte das Reich bis zu seinem Ende im frühen 19. Jahrhundert. Das politische Engagement für das Reich war seitens der Reichsstände sehr unterschiedlich. Während die mächtigeren Territorialfürsten – man denke hier in Franken an die brandenburgischen Hohenzollern in Ansbach und Bayreuth – bevorzugt eine vom Kaiser unabhängige Politik in ihren Herrschaften verfolgten, waren die kleineren Reichsstände, die stets in der Sorge standen, von ihren mächtigen Nachbarn „geschluckt“ zu werden, auf die Unterstützung durch den Kaiser angewiesen. Zur traditionell kaisertreuen Klientel zählten die Geistlichkeit – seit dem 16. Jahrhundert nach der Reformation zumindest die katholische –, die Reichsritterschaft und die Reichsstädte.

Die Reichsverfassung

Im Mittelalter und der frühen Neuzeit gab es keine geschriebene Verfassung. Die Rechte von Kaiser und Reichsständen wurden durch die Tradition (das „Herkommen“) und einzelne Reichsgrundgesetze konstituiert. Zu den Reichsgrundgesetzen zählten

- die Goldene Bulle Kaiser Karls IV. von 1356, die den Wahlmodus zum Römisch-Deutschen König fixierte, aber auch die Territorialisierung des Reiches festschrieb (Unteilbarkeit der Kurfürstentümer),
- alle Reichstagsabschiede, wie z. B. der Abschied des Wormser Reichstags von 1495, der mit der Errichtung des Reichskammergerichts das mittelalterliche Fehdewesen auf den Rechtsweg verwies,
- die kaiserlichen Wahlkapitulationen, die seit der Wahl Kaiser Karls V. im Jahr 1519 die kurfürstlichen Sonderrechte festschrieben,

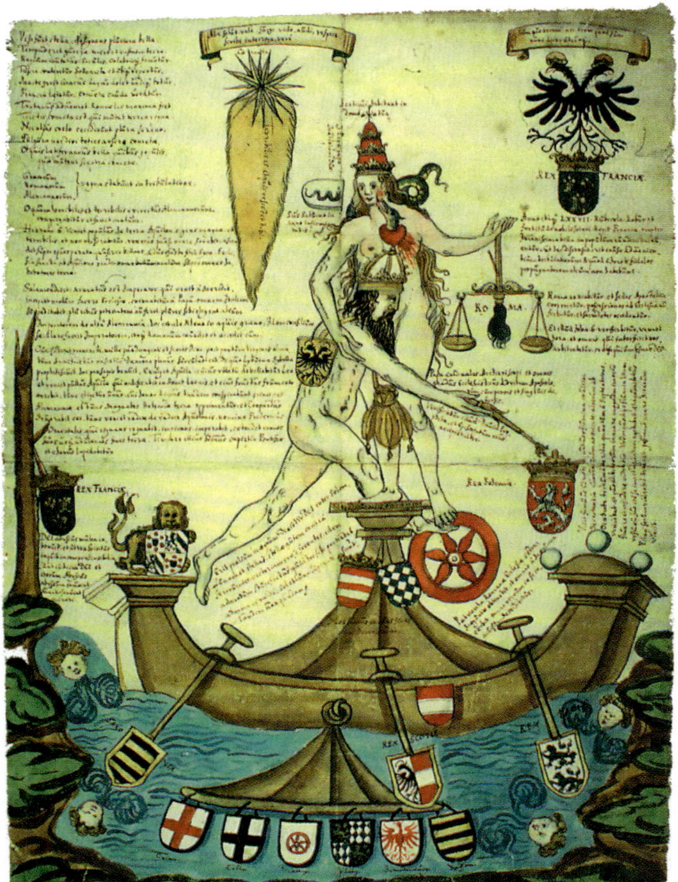

Abb. 19 Kaiser Friedrich III. und Papst Paul II. ringen um die Macht im Reich, spätmittelalterlicher Einblattdruck

- der Augsburger Religionsfriede von 1555, der die lutherische Lehre gleichberechtigt neben den katholischen Glauben stellte,
- oder der Westfälische Friede von 1648, der den Reichsfürstentümern nahezu die Souveränität gab (Bündnisrecht, Gesetzgebung).

Angesichts eines minder mächtigen Kaisers und der politischen Eigeninteressen der Reichsstände war es außerordentlich schwierig, „Politik zu machen“, was in erster Linie die Gesetzgebung betraf. Bis zum Ende des Alten Reiches existierten weder eine einheitliche Währung noch eine Reichskriegsverfassung. Auch die finanzielle Basis des Reichs stand auf tönernen Füßen, denn die Reichsstände ließen sich zu keiner regelmäßigen Steuerabgabe an den Kaiser bewegen, sondern zahlten nur zu bestimmten, vom Reichstag beschlossenen Anlässen wie z. B. den Türkenkriegen. Diese Schwäche wurde auch von den Zeitgenossen empfunden: Der Staatsrechtler Samuel von Pufendorf (+1669) bezeichnete aus diesem Grund das Reich als „Monstrum“. Dieses oft zitierte Wort sollte man jedoch nicht als Verdikt verstehen. Denn trotz aller konstitutioneller Schwächen hatte das Reich über 1000 Jahre Bestand, von der Kaiserkrönung Karls des Großen im Jahr 800 bis zum 6. August 1806, als Kaiser Franz II. die Kaiserkrone niederlegte und das Reich zu existieren aufhörte.

Der Kaiser

Der Römisch-Deutsche Kaiser (von lat. *Caesar*) stand an der Spitze des reichischen „Personenverbandes“. Als Reichsoberhaupt war er nicht nur oberster Lehnsherr, sondern er waltete zudem als oberster Richter und Kriegsherr. Als Kaiser herrschte er nicht nur über das Reich, sondern galt zugleich als das weltliche Oberhaupt der Christenheit. Damit stand er nach der mittelalterlichen Theorie von der „Zwei-Gewalten-Lehre“ gleichberechtigt neben dem vom Papst geführten *Sacerdotium*. Symbolträchtig spiegelt sich das deutsche Königtum im Reichsadler, der ab 1433 als schwarzer Doppelkopfadler mit Nimbus auf gol-

denem Grund das Wappentier des Reiches und damit Symbol des römisch-deutschen Kaisertums war.
Auch wenn das Reich seit dem 15. Jahrhundert von wenigen Ausnahmen abgesehen durchwegs von österreichischen Habsburgern regiert wurde, so war es doch nie erblich. Seit der Goldenen Bulle, einem Vertrag, der auf den Reichstagen von Nürnberg und Metz 1356 zwischen Kaiser Karl IV. und den Kurfürsten ausgehandelt worden war, waren die Kurfürsten als Königswähler anerkannt und der Wahlmodus festgeschrieben. Der im Mittelalter obligatorische Romzug zur Kaiserkrönung fand seit dem 16. Jahrhundert nicht mehr statt. Besaß zunächst bis 1531 die Reichsstadt Aachen das Recht, im Kaiserdom die Krönung zu zelebrieren, schloss diese sich ab 1562 aus Zeit- und Geldgründen gleich an die Wahl in Frankfurt in der St.-Bartholomäus-Kirche an.
Der Kreis der Kurfürsten (von „küren“ = wählen) blieb nahezu konstant: Seit dem Interregnum zu Beginn des 13. Jahrhunderts etablierten sich die Erzbischöfe von Mainz, Köln und Trier, der König von Böhmen, der Herzog von Sachsen, die Markgrafen von Brandenburg und die Pfalzgrafen bei Rhein als Königswähler. Im Zuge des Dreißigjährigen Krieges kamen der Herzog von Bayern und im Jahr 1692 der Herzog von Hannover als Königswähler hinzu, womit sich die Zahl auf neun Wähler erhöhte. Um diese Anzahl nicht künstlich zu erhöhen, wurde die Kurstimme unteilbar an das Kurland gebunden. Die Sonderrolle der Kurfürsten innerhalb der Reichsverfassung spiegelte sich auch in allen Reichsinstitutionen wider: Sie bildeten z. B. auf dem Reichstag eine eigene Kurie, konnten nicht überstimmt werden und gaben letztlich die politische Leitlinie vor.

Hoftag – Reichstag

Im Mittelalter verhandelte der Kaiser mit seinen Ratgebern auf den sogenannten. Hoftagen, die unregelmäßig stattfanden und an denen je nach Ladung verschiedene Personen teilnahmen. Seit dem Ende des 15. Jahrhunderts wurden die Kaiser verpflichtet, regelmäßig Reichstage einzuberufen, um gemeinsam mit allen Reichsständen über Reichspolitik, Gesetze, Krieg und

Frieden sowie die Erhebung von Steuern zu entscheiden. Die Reichstage fanden überwiegend in den Reichsstädten Nürnberg, Augsburg, Speyer und Worms statt. Die Goldene Bulle legte nur fest, dass der jeweils erste Reichstag eines gewählten Königs in Nürnberg stattfinden sollte, ein Recht, das jedoch nur auf dem Papier stand. Der Kaiser war an die Beschlüsse des Reichstags gebunden, die als „Reichsabschiede“ publiziert wurden.
Die Teilnahme an den Reichstagen war an die Reichsstandschaft gebunden, d. h. nur unmittelbar dem Kaiser zugeordnete Stände, die für das Reich steuerpflichtig waren, durften über die Reichsangelegenheiten mit entscheiden. Dies galt nicht für die sogenannten Landsassen, die einen Territorialherren über sich dulden mussten.
Entsprechend der Reichshierarchie berieten Kurfürsten, Reichsfürsten und die Vertreter der Reichsstädte jeweils in einer eigenen Kurie per Mehrheitsbeschluss. Problematisch wurden die Reichstagsverhandlungen im Zuge der Religionsauseinandersetzungen seit dem 16. Jahrhundert. Die protestantischen Reichsstände wehrten sich im Westfälischen Frieden mit Erfolg, dass über Religionsangelegenheiten mittels Mehrheitsbeschluss abgestimmt werden durfte. Nur für diesen Fall wurde die hierarchische Gliederung in den Kurien aufgehoben und durch eine katholische und eine protestantische Kurie ersetzt, die einen Kompromiss aushandeln mussten.
Weil sich die Reichsstände auf dem Regensburger Reichstag 1663 auf keinen Reichsabschied einigen konnten, verblieb der Reichstag in Regensburg. Aus einer einmaligen, nur einige Wochen oder Monate dauernden Veranstaltung wurde der „Immerwährende Reichstag“, ohne dass jemals ein Beschluss zur permanenten Tagung gefasst wurde. Bis 1806 tagten in Regensburg nicht mehr Kaiser und Fürsten persönlich, sondern nur noch Gesandte. In Regensburg befassten sich die anwesenden Gesandten mit unterschiedlichem Erfolg mit der Reichskriegsverfassung sowie mit Fragen der Wirtschafts- und Außenpolitik.

⌘ **Die Fürsten des Reichs** (Tobias C. Lotter, 18. Jh.)
Die figürliche Darstellung zeigt einen Kurfürsten des Heiligen Römischen Reichs mit Kurfürstenhut. Unter dem Titel „*Icones synopticae monarchorum sacrae Romanae imperii electorum, ducum, principum*" sind hier alle Kurfürsten, Herzöge und Fürsten des Reichs angegeben. Die Auflistung beginnt im 11. Jahrhundert und reicht bis ins 18. Jahrhundert. Jeder Fürst wird mit kurzen Worten wie „sehr vollkommener Fürst" oder „unglücklich in der Regierung" charakterisiert und die Todesart genannt.

Könige in Europa (Tobias C. Lotter, 18. Jh.)
Unter dem Titel „*Statua Regem Europaeorum P.C.N. nomina continas*" werden auf diesem Kupferstich die Könige in Europa vom 1. bis zum 18. Jahrhundert dargestellt. Auch hier finden sich Charakterisierungen, die von „vortrefflichen Fürsten von ausnehmender Tugend" bis zu „vom Throne gestoßen" reicht. Genannt sind u. a. die Könige von Schottland, Spanien, Frankreich und als Letzter der Zar von Russland.

Das hailig Römisch reich mit seinen gelidern
Hans Burgkmair, 1510; Reproduktion (Orig.: Erlangen, Staats- und Universitätsbibliothek)
Häufig wurde das Reich in Metaphern dargestellt. Der „Quaternionenadler" versinnbildlicht die Reichsstrukur in Vierergruppen, ausgehend von den vier weltlichen Kurfürsten. Diese repräsentieren jeweils bestimmte Reichsstände, die auf den Federn des doppelköpfigen Reichsadlers mit Wappen dargestellt sind. Der gekreuzigte Christus verweist auf die Heiligkeit des Reiches.

Der Papst (Tobias C. Lotter, 18. Jh.)
Die figürliche Darstellung zeigt den Papst mit Tiara und die beiden Apostelfürsten Petrus (mit Schlüssel) und Paulus (mit Schwert) auf dem Umhang. Die Figur selbst trägt die Namen aller Päpste, geordnet nach Jahrhunderten und beginnend beim Apostel Petrus. Neben den Namen ist jeweils das Ende ihres Pontifikats angegeben sowie eine Charakterisierung ihrer Persönlichkeit, wobei die Skala von Attributen wie „wollüstig" und „grausam" bis hin zu „Heiligkeit" reicht.

Widmungsblatt für Kaiser Leopold I. (Pergament)

Leopold I. kam am 10. August 1658 auf seiner Heimreise von Frankfurt, wo er am 8. Juli zum Kaiser gewählt und am 22. Juli gekrönt worden war, durch Weißenburg, wo er festlich empfangen und wo ihm nach altem Brauch als neuem Reichsoberhaupt förmlich gehuldigt wurde. Daneben nutzten die Stadtväter die seltene Gelegenheit der persönlichen Anwesenheit ihres Stadtherrn, um ihm ein Memorial zu überreichen, in dem sie die Armut der Stadt und die Leiden des Dreißigjährigen Krieges ausführlich schilderten. Das dem Weißenburger Rat gewidmete Porträt mit dem Titel *„Vivat Leopoldus“* ist mit Feder auf Pergament gemalt bzw. geschrieben.

Discus Chronologicus (Modell)

Der Discus Chronologicus ermöglichte dem Benutzer, die jeweiligen Landesherrscher den entsprechenden Kaisern und Päpsten zuzuordnen. Die zu Beginn des 18. Jahrhunderts von Christoph Weigel (1654–1725) aus Nürnberg angefertigte scheibenförmige Tabelle beginnt mit der christlichen Zeitrechnung. Das Werk gibt auch deutlich den historischen Kenntnisstand seiner Zeit wieder. Der auf der Nabe des Zeigers angebrachte Spruch *Per me Reges regnant* (Durch mich regieren die Könige) entstammt dem „Buch der Sprichwörter“ im Alten Testament (Spr. 8, 15) und bezieht sich hier auf den ideologischen Anspruch des Kaisers, als höchster aller weltlichen Herrscher der König aller Könige zu sein.

Kurfürstenkrug

Braunes, salzglasiertes Steinzeug, datiert 1602 mit Darstellung der sechs Kurfürsten und dem Kurfürsten von Böhmen als römischer Kaiser (Kaiser Rudolf II); Reproduktion der Fa. Fleischmann, Nürnberg um 1860/70

In der Gründerzeit waren die sogenannten altdeutschen Gefäße als großbürgerlicher Hausschmuck sehr beliebt.

Ringen um die Macht im Reich

Einblattdruck, Spätmittelalter (Abb. 19)

Anlass für das Druckblatt war der Streit zwischen Papst Paul II. und Kaiser Friedrich III. um die Thronfolge im Königreich Böhmen (1468/69). Die ringenden nackten Kontrahenten (Papst und Kaiser) stehen auf einem Schiff, welches das Reich symbolisiert. Stabilisiert wird das Reichsschiff durch die sieben Kurfürsten, die auf dem Anker durch ihre Wappen dargestellt sind.

Die sieben Kurfürsten (Abb. 20, siehe unten)

Schedel'sche Weltchronik, 16. Jh.; Reproduktion (Orig.: StadtA Wug)

Sieben Kurfürsten umgeben den thronenden Kaiser. Links stehen die geistlichen (Trier, Köln, Mainz) und rechts die weltlichen Königswähler (Böhmen, Pfalz, Sachsen, Brandenburg). Die in den weiteren Reihen angeordneten Personen repräsentieren die Reichsstände, wobei in dieser Abbildung unter anderen auch die Reichsstädte fehlen.

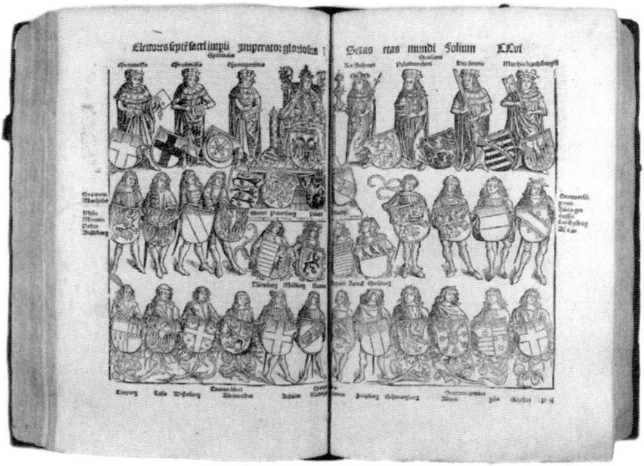

Übergabe und Verlesung der Confessio Augustana

Mich. Herr, Georg Köler, 17. Jh.; Reproduktion (Orig.: Augsburg, Staats- und Stadtbibliothek)

Auf dem Reichstag von Augsburg 1530 überreichten die protestantischen Reichsstände vor den Mitgliedern des Reichstages Kaiser Karl V. ihre Bekenntnisschrift, die *Confessio Augustana*. Die Darstellung spiegelt die Verhandlungssituation der Reichsversammlungen wider.

Kaiserliche Ladung zum Reichstag nach Worms 1545

Der Reichstag als Beratungsgremium musste vom deutschen König bzw. Kaiser jeweils einberufen werden. Zu diesem Zweck verschickte die kaiserliche Kanzlei Einladungen (Ladungsbrie-

fe). In diese Vordrucke mussten nur Anrede und Name eingetragen werden. Ein solches Beispiel ist der hier ausgestellte Ladungsbrief vom 26. September 1544, mit dem die Reichsstadt Weißenburg aufgefordert wurde, bis zum 2. Januar 1545 einen Gesandten zum Reichstag nach Worms zu entsenden.
Weißenburg ließ sich ab dem späten 15. Jahrhundert auf den Reichstagen meist durch Abgesandte der Reichsstadt Nürnberg vertreten. Dies war vor allem nach dem finanziellen Zusammenbruch Weißenburgs im Jahr 1481 politisch ratsam und bedeutete außerdem nicht geringe Einsparungen für die Stadtkasse, wurde man doch von den Nürnberger Ratsfreunden über die Reichsabschiede informiert, ohne kostspielige Reisen zu den Reichstagen auf sich nehmen zu müssen. Nur in Ausnahmefällen, wenn z. B. eine für die Stadt Weißenburg sehr wichtige Frage zu besprechen war, schickte man eigene Abgesandte. Aus dem 16. Jahrhundert sind einige dieser Boten namentlich bekannt:

Datum	Reichstag zu	Weißenburger Boten
1. Sept. 1522	Nürnberg	Ulrich Hagen
29. Juli 1541	Regensburg	Michael Eder
11. April 1542	Speyer	Hans Wolf
26. Aug. 1542	Nürnberg	Hans Wolf, Michael Eder
23. April 1543	Nürnberg	Hans Wolf
4. Aug. 1545	Worms	Johann Koler

Das Reich und die Reichskreise

Der kayserlichen Maiestaet und gemeiner Staende des heil. Roem. Reichs Teutscher Nation, Ordnung der zehen Crayß, unter welchen Crayß ein jeder Stand gehoere, gemacht und aufgericht zu Wormbs 1521. Matthaeus Seutter, um 1731–1740; Reproduktion (Orig.: Bayerische Staatsbibliothek München)

Die Karte zeigt die Grenzen des Reiches und die einzelnen Reichskreise. Der Fränkische Kreis – sein Name taucht erstmals 1522 auf, während die Kreise vorher nur Nummern trugen – umfasste hauptsächlich den Bereich der drei Bistümer Bamberg, Würzburg und Eichstätt, der beiden zollerschen Fürstentümer Ansbach und Kulmbach-Bayreuth, der Reichsstädte Nürnberg, Rothenburg, Schweinfurt, Windsheim und Weißen-

burg, des Deutschen Ordens sowie der Grafen und Herren in Franken, darunter die Grafschaften Henneberg, Castell, Rieneck, Hohenlohe, Wertheim, Erbach, die Schenken von Limpurg und die Herren von Schwarzenberg.
Links unten sind die Wappen und Namen der Kreise aufgeführt. Das Reich ist hier größer dargestellt als es zum damaligen Zeitpunkt noch war, gehörten doch die Schweiz, das Elsass, die Freigrafschaft Burgund, Polen, Preußen sowie Teile Österreichs nicht mehr zum Reichsgebiet.

Reichsstadt (4)

Die Anfänge der Reichsstädte liegen in der Stauferzeit. Vorformen waren die Königsorte, die zum Reichs- und Krongut gehörten, die Reichsvogteistädte, die unter dem Schutz und Schirm des Königs standen, und die Freien Städte, ehemalige Bischofsstädte, die sich von ihrem geistlichen Herrn emanzipiert hatten. Eine Reichsstadt war dem König und Kaiser unmittelbar, d. h. sie hatte keinen anderen Territorialherrn über sich. Als Gegenleistung war die Reichsstadt zu Steuerabgaben und Heerfolge verpflichtet. Als Stadtherr konnte der König eine Reichsstadt auch verpfänden, um an Geld zu gelangen. Damit waren Reichsstädte eine der wichtigsten Finanzquellen des Reiches, ihre Bedeutung wuchs demgemäß mit aufkommender Geldwirtschaft im 14. bis ins 16. Jahrhundert.
Ende des 15. Jahrhunderts erhielten die Reichsstädte die Reichsstandschaft, d. h. das Recht, am Reichstag teilzunehmen und mitzubestimmen. Das volle Stimmrecht (*votum decisivum*), wie es Kurfürsten und Fürstenkollegium besaßen, erhielt die Städtekurie aber erst im Westfälischen Frieden 1648. Auf eigenen Städtetagen erörterten die Städte vor oder nach einem Reichstag ihre Probleme und Interessen.
Die Geschichte der Stadt Weißenburg ist in der Regierungszeit Ludwigs IV. des Bayern (Kg. 1314–1347, Ks. 1328) von ebenso zahlreichen Privilegierungen wie Verpfändungen geprägt, ja man kann geradezu vom „Zeitalter der Verpfändungen“ sprechen. Wie kaum ein zweiter deutscher König nutzte Ludwig IV.

die Möglichkeiten der Verpfändung von Reichsbesitzungen zur Deckung seiner Verpflichtungen. Von zehn nachweislichen Verpfändungen Weißenburgs fallen allein fünf in die Zeit dieses Herrschers. Zwischen 1315 und 1342 war die Stadt mit Steuern, Amtmannamt und allen übrigen Zugehörungen nahezu ununterbrochen vier verschiedenen Pfandherren verpfändet. Die Nürnberger Burggrafen waren auf diese Weise insgesamt 29 Jahre lang Pfandherren von Weißenburg und stellten die größte Gefahr für die Reichsunmittelbarkeit dar, denn der jeweilige Pfandnehmer trat an die Stelle des bisherigen Stadtherrn. Er durfte nun der Stadt die alten Privilegien bestätigen und neue erteilen sowie die stadtherrlichen Funktionen ausüben – allerdings nur, solange er im Besitz der Pfandschaft war. Je länger eine Verpfändung dauerte, desto größer war die Wahrscheinlichkeit, letztlich dem Territorium des Pfandherrn einverleibt zu werden. Dies konnte schließlich zum Verlust der Reichsunmittelbarkeit führen. Der Stadt Weißenburg gelang es jedoch, sich gegen derartige Bemühungen zu behaupten.

Städtebünde

Der Zusammenschluss von Städten zu Bündnissen bzw. Einigungen hatte unterschiedliche Gründe. War die Hanse ein Bund, der vor allem wirtschaftliche Ziele verfolgte, so ging es dem Rheinischen und dem Schwäbischen Städtebund in erster Linie um politische Zwecke. Das Bündnissystem wurde vor allem als Mittel eingesetzt, um die erreichten Positionen der Reichsstädte bezüglich ihrer Selbständigkeit und Freiheit zu sichern sowie störende bzw. diese Positionen bedrohende Eingriffe von außen abzuwehren. Das bedeutete vor allem den Schutz vor den konkurrierenden benachbarten Landesherren, insbesondere durch die Aufrechterhaltung und Durchführung der Landfriedensbestimmungen. Diese Regelungen verboten Fehden und andere Arten der gewaltsamen Selbsthilfe. Außerdem sorgten die Mitglieder des Schwäbischen Städtebundes für die Aufrechterhaltung der Reichsfreiheit durch gegenseitige Hilfeleistungen im Fall einer Verpfändung bzw. durch die Abwehr einer solchen.

Abb. 21 Der fränkischer Reichskreis

Ziegel Hütte
See Wie sen
Gottes Acker
Hospital

Im März 1344 beteiligte sich Weißenburg zusammen mit Nürnberg, Würzburg, Rothenburg und Windsheim unter der Landfriedensordnung Kaiser Ludwigs des Bayern erstmals an einem Städtebündnis und trat 1368, 1371 und 1378 als selbständiger Partner in den Landfriedenseinungen Frankens auf.
Die Teilnahme am großen Schwäbisch-Rheinischen Städtebund (1376–1389) war für Weißenburg sicherlich von grundlegender Bedeutung. Von den fränkischen Reichsstädten schloss sich Rothenburg o. T. relativ früh, am 17. Mai 1378, dem Städtebund an. Erst fünf Jahre später, am 16. Januar 1383, traten auch Weißenburg und Windsheim bei, und Nürnberg folgte nach längerem Zögern im Juni 1384 nach. Im Zuge der Vorverhandlungen zu diesen Beitritten war der Schwäbisch-Rheinische Städtebund bereits im Oktober 1382 übereingekommen, den Anteil der drei neuen Verbündeten am Waffendienst auf die Bereitstellung von 22 Gleven („Gleven" oder „Spieße" waren berittene Lanzenträger) festzusetzen. Die Grundlage zur Berechnung dieser Verpflichtungen bildete die Reichssteuer, die die Städte zu zahlen hatten. Da die Städte nach den Bundesbestimmungen pro 100 Pfd. Haller Reichssteuer drei Gleven zu stellen hatten, hätte sich für Nürnberg (2000 Pfd.), Windsheim (200 Pfd.) und Weißenburg (100 Pfd.) eine Gesamtlast von 69 Gleven ergeben. Der erheblich verminderte Anteil von 22 Gleven resultierte aus einer der Stadt Nürnberg eingeräumten geringeren Einstufung zu 800 Pfd. Hallern (damit Gesamtleistung: 33 Gleven) und einer ermäßigten prozentualen Beteiligung der drei Städte von 66 Prozent an der eigentlichen Bündnispflicht. Es kam häufig vor, dass Städte um Erleichterung ihrer Verpflichtungen nachsuchten, obwohl man 1382 bestimmt hatte, dass keine Stadt bevorteilt werden sollte, es sei denn, sie könne besondere Armut, Schaden oder Gebrechen nachweisen. Im Falle Nürnbergs, Windsheims und Weißenburgs kann man aber kaum von einem solchen Umstand ausgehen. Vielmehr dürfte der Schwäbische Städtebund ein lebhaftes Interesse daran gehabt haben, seinen Einflussbereich auf den fränkischen

◂ *Abb. 22 Weißenburger Flurkarte von Johann Veit Biber, 1726*

Raum auszudehnen und in Nürnberg einen ebenso finanzkräftigen wie politisch einflussreichen Bundespartner zu gewinnen. So gestand man Nürnberg außerdem zu, zu den jeweils anberaumten Bundestagen zwei Ratsmitglieder senden zu dürfen, wohingegen Weißenburg und Windsheim wie die meisten Bundesstädte jeweils nur einen Rat schicken sollten.

Das Ende der Reichsstädte

Nach dem Frieden von Lunéville (9. Februar 1801) zwischen Frankreich, Österreich und dem Deutschen Reich sollten die deutschen Fürsten, die linksrheinische Gebiete an Frankreich abtreten mussten, dafür mit Gebieten rechts des Rheins entschädigt werden. Zur Klärung der Entschädigungsfrage wurde 1803 die Reichsdeputation eingesetzt. Der Reichsdeputationshauptschluss legte das Vorgehen hierbei fest: Geistliche Territorien sowie kirchlicher Besitz wurden säkularisiert und die einst reichsunmittelbaren Gebiete (vor allem Reichsstädte) mediatisiert. Das bedeutete die Aufhebung der Reichsunmittelbarkeit und – zum jeweiligen Gebietsausgleich – die Eingliederung in das weltliche Herrschaftsgebiet eines Landesherrn. 112 Reichsbistümer, Reichsabteien und Reichsstädte sowie 350 Reichsritterschaften verloren ihre Selbständigkeit. Drei Millionen Untertanen wechselten ihre Herren.

⌘ **Die Weißenburger Flurkarte von 1726** (Abb. 22)

„Der Röm. Kayserl. Freyen Reichs Stadt Weissenburg am Nordgau richtig verzeichnete Feldmarckung, Freiß-, Jagd-, Hut- und Weyd-Gerechtigkeit samt denen nachbarlichen Mithuten, Anno 1726 den 1. Juli“; Reproduktion (Orig.: StadtA Wug)

Auf der 115 mal 160 Zentimeter großen Karte sind die Grenzen der Weißenburger Stadtflur eingetragen. Alle zum Stadtgebiet gehörigen Flurstücke sind genau mit Lage, Abgrenzung und Bezeichnung angegeben, die Stadtgrenze selbst ist mit deutlich erkennbaren Grenzsteinen markiert. Von besonderer Bedeutung ist die 12 mal 10 Zentimeter große, perspektivische Darstellung der Stadt Weißenburg. Einzelne Bauwerke, Straßen und andere Anlagen sind in einer 70 Nummern umfassenden Legende bezeichnet. Gefertigt wurde die Karte im Jahr 1726 von dem Ellinger „Feldmesser“ Johann Veit Biber.

Der Fränkische Reichskreis (Abb. 21)

Aus: Georg Paul Hönn, Lexicon Topographicum ..., Frankfurt und Leipzig 1747; Reproduktion

Der Kupferstich des Nürnberger Kupferstechers Andreas Nunzer zeigt neben einer Karte des Fränkischen Kreises auch auf vier Säulen die Wappen seiner Mitglieder. Links die weltlichen und daneben die geistlichen Fürsten, rechts neben der Karte zunächst die Reichsgrafen und ganz rechts die fünf Reichsstädte mit dem Weißenburger Wappen (ganz unten).

Das Weißenburger Stadtwappen von 1481 (Titel)

Urkunde vom 21. September 1481, Pergament mit Wachssiegel an roter Seidenschnur

Mit der in Wien ausgestellten Urkunde verlieh Kaiser Friedrich III. der Reichsstadt Weißenburg ein neues, bis heute gültiges Wappen. Im Wappenbrief wird das neue Stadtwappen sowohl bildlich dargestellt als auch ausführlich beschrieben: „... *diß nachgeschriben wappen und cleinette mit namen einen rotten schilde darinne ein weisse stat mit zweien thurnen, steennde zwischen derselben thurne in einem gelben oder goldfarben schild ein swartzer adeler mit zweyen hewptern und außgerackten flugeln, inmassen dieselben wappen und cleinette in mitte diss gegenwurtigen unsers keiserlichen briefs gemalet und mit farben eigenntlicher außgestrichen sind* ...“

Das neue Wappen und Siegel bildete nicht nur einen symbolischen Neubeginn der Stadt Weißenburg nach dem finanziellen Zusammenbruch im Jahr 1481. Bedenkt man, dass das alte Siegel unter zahlreichen Schuldverschreibungen und Kreditbriefen hing, die mit der Zeit kassiert wurden – d. h. dass man sie nach der Ablösung zerschnitt und das Siegel abschnitt –, so wird klar, dass das neue Wappen die Rechtsfähigkeit und Legitimität des neuen Stadtrats unterstreichen sollte.

Das Ende der Reichsstadt: Weißenburg wird bayerisch

Patent vom 24. November 1802, Papier

Als Entschädigung für die an Frankreich abgetretenen linksrheinischen Gebiete erhielt der Kurfürst von Bayern auf der Grundlage des französisch-russischen Entschädigungsplanes vom 3. Juni 1802 u. a. *„auch das Bisthum Eichstädt, die Abtey Kaisersheim und die Reichsstadt Weißenburg als eine erbliche Besit-*

zung". Mit dem in München von Kurfürst Max Joseph und seinem leitenden Minister Maximilian Joseph Graf von Montgelas (1759–1838) ausgestellten Patent wird die Reichsstadt Weißenburg (übrigens noch vor dem Reichsdeputationshauptschluss vom 25. Februar 1803) angewiesen, den Kurfürsten von nun an *„... für ihren rechtmäßigen Landesfürsten ..."* zu betrachten.

Das preußische Zwischenspiel 1803–1806
Patent vom 26. September 1803, Papier
Mit dem am 30. Juni 1803 in Ansbach geschlossenen Landesvertrag zwischen Bayern und Preußen versuchte der bayerische Kurfürst seine neu erworbenen Territorien abzurunden. Das in München von Kurfürst Max Joseph und seinem leitenden Minister Graf von Montgelas ausgestellte Patent proklamierte die Gebietsverschiebungen. Dabei wurde u. a. *„... die Stadt Weißenburg mit ihren Zubehören, so weit sie in und an dem königl. Preussischen Gebiete sich befinden ..."* von Bayern an den König von Preußen abgetreten.

Weißenburg wird 1806 endgültig bayerische Landstadt
Patent vom 20. Mai 1806, Papier
Durch Übereinkunft des nunmehrigen Königs Max Joseph mit Napoleon erhielt Bayern gegen Abtretung des Herzogtums Berg an Frankreich die von Preußen Frankreich zur Verfügung gestellte Markgrafschaft Ansbach. Das in München ausgefertigte „Besitz-Ergreifungs-Patent für die Markgrafschaft Ansbach" betraute Carl Friedrich Graf von Thürmheim mit der Leitung der Inbesitznahme durch das neue Königreich Bayern.

Stadtwerdung (5)

Zur frühmittelalterlichen Siedlungsentwicklung Weißenburgs vgl. S. 9, Stadtgeschichte.

Das Amt Weißenburg

Die verfassungs- und verwaltungsmäßigen Gegebenheiten von Stadt und Land Weißenburg wurden ab der Mitte des 13. und bis zum Anfang des 15. Jahrhunderts von der Dreiteilung des Amtes (später Reichspflege) Weißenburg bestimmt. Das Amt bestand aus der namengebenden Stadt, dem dazugehörigen Landgebiet (einschließlich des Reichsforstes) und der Vogtei über das Kloster Wülzburg. Die Ausübung der aus dem Amt resultierenden Rechte und Pflichten wurde vom jeweiligen König einem von ihm selbst ausgewählten Amtmann übertragen. Als königlicher Vertreter übte der Amtmann dementsprechend statthalterliche Funktionen aus und war für Rechtspflege, Friedenswahrung, Verwaltung und Erhebung der dem König zustehenden Einkünfte zuständig. Der Weißenburger Amtmann wird erstmals 1241 erwähnt (*Bertholdus minister*). Im Lauf des 14. Jahrhunderts gelang es dem Rat der Stadt Weißenburg, sich dem bestimmenden Einfluss des Amtmanns weitgehend zu entziehen. Königliche Privilegien bestätigten der Stadt immer wieder, dass sie zwar nach der Wahl des Königs, aber doch nur einen solchen Amtmann erhalten sollte, dem sie ihre Zustimmung erteilte. Diese Bestimmung findet sich erstmals in der umfassenden Privilegienbestätigung, die Karl IV. am Tag seiner Kaiserkrönung (5. April 1355) der Stadt Weißenburg in Form einer Goldenen Bulle ausstellen ließ. Das wertvolle goldene Kaisersiegel (siehe hintere Umschlagseite) hängt bis heute an der Urkunde, in der die einzelnen Stadtrechte genau aufgeführt werden. Darunter findet sich auch das Recht der Bürger, ihren Amtmann frei wählen und einen, der ihnen *unbehulflich* sei, nach ihrem Willen auswechseln zu dürfen (*so sal man yn aber nach yrer bete verkeren*). Das war neu und zeugt von dem gewachsenen Selbstbewusstsein der Bürgerschaft, denn bislang hatten die Weißenburger lediglich die Möglichkeit, den Vorschlag des Königs annehmen oder ablehnen, nicht aber beeinflussen zu können.

Stadterweiterung 1376

Durch den wirtschaftlichen Aufschwung im 14. Jahrhundert bildeten sich im Norden und Süden des bestehenden Mauerrings unbefestigte Vorstädte. Kaiser Karl IV. erlaubte Weißenburg 1376 schließlich, die Ummauerung im Süden auszuweiten (s. Abb. 4, Siedlungsperioden). Finanziert wurde diese Stadterweiterung durch eine Getränkesteuer auf Wein und Bier. Der nun fast quadratische Grundriss der Stadt gab den Bürgern bis ins 19. Jahrhundert ihren Lebensraum vor. Bis heute lassen sich die beiden Stadtbefestigungen am Grundriss Weißenburgs ablesen, der äußere Mauerring ist sogar nahezu durchgehend erhalten.

⌘ Erste urkundliche Nennung Weißenburgs 867

Urkunde vom 14. Juni 867, Pergament, aufgedrücktes Siegel; mit deutscher Übersetzung; Reproduktion (Orig.: Bayer. HStA München)

König Ludwig der Deutsche (833–876) schenkt dem Kloster Metten an der Donau (*Metemon*) seine zum Königshof Weißenburg (*nostram villam ... Uuizinburc*) gehörenden Besitzungen innerhalb angegebener Grenzen.

Der Westfälische Friede 1648

Friedensunterzeichnung in Nürnberg; Werkstatt M. Merian, um 1650; Reproduktion (Orig.: StadtA Frankfurt)

Zur Durchführung des 1648 geschlossenen Westfälischen Friedens, der den Dreißigjährigen Krieg beendete, wurden zwischen den Vertretern der Stände, des Kaisers und Schwedens im Juni 1650 Ausführungsbestimmungen in Nürnberg ausgehandelt. Die Reichsstadt Weißenburg hatte Johann Georg Roth zu der Verhandlung entsandt (Nr. 39).

Reichsstädtisches Kollegium

Andreas Geyer, 1725; Reproduktion (Orig.: Reichstagsmuseum Regensburg)

Während der Reichstage hatten die Reichsstädte ein eigenes Beratungszimmer. Der Kupferstich zeigt den entsprechenden Raum im Rathaus der Stadt Regensburg, in der seit 1663 der „Immerwährende Reichstag“ tagte.

Reichssteuerquittung des Jahres 1513

Urkunde vom 12. Dezember 1513, Papier, aufgedrücktes Siegel

Reichserbmarschall Jörg von Pappenheim quittiert der Reichsstadt Weißenburg die Bezahlung der Reichssteuer. Laut Reichssteuermatrikel des Jahres 1521 gehörte Weißenburg zu den ärmeren Städten des Reiches, denn es sollte nur 50 Gulden Steuern zahlen, Windsheim und Rothenburg dagegen [je] 180; die „Großstädte“ Augsburg oder Frankfurt hatten 500 Gulden abzuführen.

Der Kaiser oder König quittiert die jährliche Reichssteuer
Urkunde vom 19. November 1564, Pergament mit anhängendem Siegel
Mit der in Wien ausgestellten Urkunde quittierte Kaiser Maximilian II. seinen „... *und des reichs lieben getrewen burgermaistern und rath der statt Weissenburg am Norggaw* ...“ die Bezahlung der am Martinstag fälligen Stadtsteuer, die nicht an die kaiserliche Hofkammer, sondern direkt an Erbmarschall Heinrich von Pappenheim bezahlt werden sollte, der in den Diensten des Kaisers stand. Neben dem anhängenden Siegel bekräftigte der Kaiser die Quittung durch seine eigenhändige Unterschrift.

Steuerbeiträge nach der Reichsmatrikel
In der Reichsmatrikel wurde die militärische und finanzielle Reichshilfe der Reichsstände festgelegt. Jeder Reichsstand musste das durch Reichstagsbeschluss in der Reichsmatrikel bestimmte Kontingent stellen. Die bedeutende Wormser Reichsmatrikel von 1521 sah vor, dass die eingetragenen Reichsstände Reiter und Fußsoldaten für das Reichsheer stellen mussten, die aber durch Geldzahlungen ersetzt werden konnten. Zu den wichtigsten Steuerzahlern gehörten die Reichsstädte, die im Vergleich zu ihrer Größe relativ hohe Beiträge an das Reich zu entrichten hatten. So musste z. B. Nürnberg genauso viel Steuern zahlen wie die mächtigsten Territorialherren, die Kurfürsten.

Siegel und Wappen der Reichsstadt Weißenburg (6)

Seitdem Rechtsgeschäfte schriftlich niedergelegt wurden, waren die an einer Urkunde befestigten Siegel als Beweismittel für deren Echtheit unerlässlich. Anhand der in Weißenburg verwendeten Siegel lassen sich einzelne Entwicklungsphasen vom Königshof zur Bürgerstadt nachweisen.

⌘ **Das Stadtwappen von 1241**
Das älteste erhaltene Stadtsiegel mit dem ersten Stadtwappen im Siegelbild stammt aus dem Jahr 1241 (Abb. 23, nächste Seite oben). Das schildförmige Siegel trägt die Umschrift SIGILL(UM) CIVITATIS WIZZENBURGENSIS, d. h. Siegel der

Stadt Weißenburg. Das Siegel symbolisiert wie kaum ein anderes Zeichen die Erlangung der Stadtrechte und macht den Begriff „Reichsstadt“ deutlich, denn in ihm vereinigen sich die Symbole des Stadtherrn (König = Reich) und des Stadtnamens: Auf einem gespaltenen Schild wird ein halber Reichsadler mit einer halben Burg kombiniert. Zu den Privilegien der Reichsstadt gehörten u. a. das Marktrecht, die Erlaubnis zum Bau von Stadtbefestigungen sowie die Ausübung der Gerichtsbarkeit.

Das Siegel des königlichen Meiers 1241 (Abb. 3, Seite 10)
Reproduktion (Orig.: Staatsarchiv Nürnberg)
Das älteste Siegel des königlichen Verwalters (Meier, *villicus*) in Weißenburg findet sich an einer Urkunde des Jahres 1241. Das runde Siegel trägt die Umschrift S(IGILLUM) VILLICI DE WIZENBURC, d. h. Siegel des Weißenburger Villicus. Das Siegelbild zeigt im Vordergrund eine doppelte Mauer und zwischen zwei Türmen einen einköpfigen Reichsadler. Dieser weist auf die enge Verbindung zum deutschen König, die Mauer auf eine bestehende Befestigung und den Stadtnamen hin. Das Rundsiegel wurde zunächst noch parallel zum Stadtsiegel verwendet, wurde aber endgültig ab 1254 von diesem ersetzt.

Das älteste Sekretsiegel von 1401
Urkunde vom 28. September 1401
Neben den normalen Stadtsiegeln führten die Städte auch sogenannte Sekretsiegel. Diese verkleinerten Ausführungen wurden für die weniger wichtigen Urkunden und die gewöhnliche Korrespondenz gebraucht; auch waren die Siegelgebühren und die Kosten für Siegelwachs niedriger. Das älteste Sekretsiegel für Weißenburg hängt an einer Gültverschreibung der Aumühle aus dem Jahr 1401. Das runde Siegel aus grünem Wachs und einem Durchmesser von 35 Millimeter zeigt das erste Stadt-

wappen und die Umschrift S(IGILLUM) SECRET(UM) CIVITAT(IS) WEISSENB(UR)G N(ORICO), d. h. Sekretsiegel der Stadt Weißenburg am Nordgau. Die Gestaltung des Siegelstocks weist auf eine Entstehungszeit um 1300 hin.

Neues Stadtsiegel von 1481 und Sekretsiegel von 1482
Mit der Urkunde Kaiser Friedrichs III. vom 21. September 1481 erhielt die Stadt ein neues Wappen (siehe Titelbild). Am 5. Dezember 1481 folgte die Anweisung, künftig nur noch mit dem neuen Siegel und rotem Wachs zu siegeln. Hierfür wurden 1482 neue Siegelstöcke gefertigt, ein Jahr später wurde auch hierzu ein Sekretsiegel mit 38 Millimeter Durchmesser eingeführt (Abb. 24 oben). Die Umschrift lautet SIGILLUM NOVUM OPIDI WEISSENBURG IN NORICO 1482, d. h. neues Siegel der Stadt Weißenburg am Nordgau.
Der Zusatz „am (seltener und ungenau: im) Nordgau“ taucht erst ab 1476 in den Urkunden der Stadt auf. Der Nordgau gehörte zu den ältesten der bayerischen Gaue und umfasste den bajuwarischen Siedlungsraum nördlich der Donau, dessen Bezeichnung in späterer Zeit von der bis heute gebräuchlichen Benennung „Oberpfalz“ abgelöst wurde. Er war durch breite Grenzräume zu den benachbarten Gauen gekennzeichnet, wodurch wohl auch erklärt wird, warum man Weißenburg zumeist als „am Nordgau“, manchmal aber auch als „im Nordgau“ gelegen bezeichnete.

Das Große Stadtsiegel von 1481 (Reproduktion)
Neben dem gängigen Siegel mit 50 Millimeter Durchmesser hat sich ein einziges großes Stadtsiegel mit 62 Millimeter Durchmesser erhalten. Es zeigt ebenfalls das neue Stadtwappen mit der Umschrift SIGILLUM NOVUM OPIDI WEISSENBURG IN NORICO.

Reichsstädtische Bürger (7)

Die Bewohner einer befestigten städtischen Siedlung (*civitas, burg*, später *stat*) wurden im hohen Mittelalter als Bürger (mhd. *burgaere*) bezeichnet. Den wichtigsten Gegensatz zum Bürger bildeten die auswärtigen Ritter und Bauern sowie Bürger fremder Städte. Im Inneren einer Stadt schied man die Bürger von den bloßen Einwohnern, die zwar dort wohnten, aber das Bürgerrecht nie erlangt hatten. Hierzu zählte man vor allem die Angehörigen der Unterschicht, vielfach aber auch Geistliche und Juden. Mit Ausnahme der Ratsfähigkeit waren die Bürger trotz sozialer und wirtschaftlicher Unterschiede rechtlich völlig gleichgestellt. Das Bürgerrecht bedeutete Wahlrecht und Wählbarkeit zum Stadtrat sowie das Recht zur Nutzung des Gemeindeguts und Teilhabe an der städtischen Selbstverwaltung. Auch waren damit bürgerliche Pflichten verbunden wie z. B. Wachdienst oder Steuerpflicht. Neubürger wurden in Bürgerbüchern – für Weißenburg erstmals 1359/61 belegt – verzeichnet. Sie mussten ein Aufnahmegeld entrichten und gegenüber dem Rat den Bürgereid ablegen, d. h. sie schworen der Stadt und den Mitbürgern gegenüber Treue und Gehorsam. Die Organisation der Weißenburger Bürgerschaft erfolgte nach den 26 einzelnen Stadtvierteln, an deren Spitze ein Hauptmann stand, der die militärische und verwaltungsmäßige Führung innehatte.

Bevölkerungsstruktur

Die im Jahr 1688 durchgeführte Volkszählung gewährt einen Einblick in die Bevölkerungsstruktur Weißenburgs. Zu dieser Zeit hatte die Stadt 2343 Einwohner, davon 396 Männer, 431 Frauen, 481 Söhne, 501 Töchter, 465 Mägde, Knechte, Gesellen und Lehrjungen sowie 69 Beisitzer. Von über 400 erwerbstätigen Männern waren 36 Prozent im Bekleidungsgewerbe als Gerber, Schneider, Tuchmacher, Weber, Kürschner, Bortenmacher und Schuhmacher tätig. 26 Prozent arbeiteten in der Ernährungsbranche, 20 Prozent im Baugewerbe, 6 Prozent in geistigen Berufen, 6 Prozent als Fuhrleute sowie 2 Prozent im Gesundheitswesen. Führend in der Berufsstatistik waren Bäcker

(39) und Metzger (38), die häufig zugleich auch als Bierbrauer und Wirte tätig waren.

Städtisches Wohnen

Das bürgerliche Anwesen verband Wohn-, Handwerks- und Lagerhaus meist unter einem Dach. Viele Häuser wurden giebelseitig zur Straße hin gesetzt, hatten im Erdgeschoss meist die Werkstätten oder Kaufläden und darüber Wohn- und Schlafräume. Zahlreiche Flaschenzüge unter dem Giebel erinnern daran, dass früher Waren wie Stroh und Getreide gelagert werden mussten. Im Mittelpunkt des Wohnens stand die beheizbare Stube. Die Heizung erfolgte durch einen massiv gemauerten, später auch gusseisernen Ofen, der meist von einem Nebenraum aus versorgt wurde. Die Einrichtungsgegenstände waren viel spärlicher als heute. Der einfache Handwerker sorgte sich vor allem um Essen und Trinken mit dem entsprechenden Geschirr. Daher bildeten Tisch, Bank, vereinzelte Stühle und dazu eine Truhe zur Aufbewahrung von Hausrat meist die karge Einrichtung. Im 15. Jahrhundert entwickelte sich aus zwei übereinander gestellten Truhen der zweigeschossige, gegliederte Kasten, der Vorläufer des heutigen Schrankes. Die Wohnungseinrichtung des gehobenen städtischen Bürgertums war immer etwas anspruchsvoller, weshalb sich im 17. und 18. Jahrhundert Tendenzen entwickelten, den adligen Wohnstil auch im Bürgerhaus nachzuahmen.

⌘ **Die älteste Steuerliste von 1360** (Reproduktion)
Aus steuerlichen Gründen wurden während des Mittelalters in allen Ländern und Städten Einwohnerlisten geführt. Die älteste Steuerliste Weißenburgs – und damit das älteste Bürgerverzeichnis – datiert auf den 18. Dezember 1360 und steht sicherlich in Zusammenhang mit der Selbstauslösung der Stadt aus der Verpfändung an die Burggrafen von Nürnberg (Weißenburg und Windsheim waren gemeinsam verpfändet gewesen und mussten damals 20 000 Gulden Pfandlösegeld aufbringen!). Die Steuerliste besteht aus einem 16 Seiten umfassenden Heft, in das alle Steuerpflichtigen Weißenburgs mit Angabe der geleisteten Zahlung eingetragen sind. Die erste Seite trägt die Über-

Abb. 25 Wappenbrief für Peter Preu, 1538

Abb. 26 Porträts des Ratsherrn Georg David Preu und seiner Frau, 1793; darunter Gebrauchsgegenstände 17./18. Jh.

Abb. 27 Prächtig bemaltes Wismutkästchen

schrift „*Anno domini M CCC LX facta est hec exaccio in die sancti Wunibaldi*“, d. h. „diese Steuerliste wurde im Jahre des Herrn 1360 am Tag des heiligen Wunibald ausgefertigt“. Die Einträge sind fast durchwegs lateinisch geschrieben und gliedern sich in drei Gruppen: die Bewohner der Altstadt, der später ummauerten Südvorstadt sowie der abgabepflichtigen Bauern und Landbewohner. Von den 813 Steuerzahlern wurden bei dieser Steuererhebung insgesamt 1277 Pfund Haller aufgebracht.

Bürgerliches Leben
Georg Pencz, um 1530; Reproduktion (Orig.: Nürnberg)
Das Kalenderblatt zeigt in idealisierter Weise das Alltagsleben in der Stadt. Die Bürger gehen kaufmännischen, handwerklichen, wissenschaftlichen und künstlerischen Tätigkeiten nach.

Die älteste Volkszählung in Weißenburg 1688 (Reproduktion)
Im Jahr 1688 gebot der Rat der Reichsstadt Weißenburg eine Volkszählung. In jedem der 26 Viertel der Stadt (hier im 7. Viertel) wurden die Vornamen und Familiennamen der Familienhäupter sowie in einzelnen Fällen ihr Beruf und ihre Ehrenämter

aufgezeichnet. Nach den Rubriken „Mann und Weib, Söhne, Töchter, Gesellen, Knechte, Mägde, Lehrjungen und Beisitzer" erfolgte die genaue Zählung der Bevölkerung. Das Ergebnis brachte insgesamt 2343 Einwohner, nämlich 1106 Männer und 1168 Frauen, dazu 69 Beisitzer beiderlei Geschlechts. In den rund 450 Haushaltungen lebten 481 Söhne und 501 Töchter, im Handwerk waren 124 Gesellen und 49 Lehrjungen tätig, 56 Knechten standen 236 Mägde gegenüber.

Der Weißenburger Bürgereid (Reproduktion)

Ein Verzeichnis der Bürgeraufnahmen aus der zweiten Hälfte des 16. Jahrhunderts wird mit der Formel des Weißenburger Bürgereids eingeleitet: *„Hernach volgt der aide, so ein jeder burger, der aus vergünstigung eins erbarn raths diser statt Weissenburg das bürgerrecht erlangt, mit auferhaben fin(g)ern zu Gott dem Allmechtigen schweren soll".* Diesen Eid, der sämtliche Bürgerpflichten bis hin zur Steuer- und Waffenpflicht enthält, musste jeder Neubürger leisten.

Wappenbrief für Peter Preu 1538 (Abb. 25)

Pergamenturkunde mit anhängendem Wachssiegel

Wie der Adel besaßen auch die gehobenen Bürger Familienwappen. Am 28. März 1538 verlieh Kaiser Ferdinand I. seinem *„lieben getreuen Peter Preu"* (im Orig. *Prew* geschrieben) ein eigenes Wappen. Als Grund gibt er dessen *„erberkeit, redlichait, guet sitten, tugent und vernunft"* an, doch musste Preu sicherlich auch gutes Geld für die Ausstellung des Wappenbriefes zahlen. Das Wappenbild ist in der Urkunde bildlich dargestellt – das Wappentier ist ein Wolf. Das Preu'sche Wappen findet sich als Steinrelief noch an einigen Häusern der Altstadt, so z. B. Am Marktplatz 9 und Luitpoldstraße 18.

Porträts des Ratsherrn Georg David Preu und seiner Gemahlin (Abb. 26, I. Wilhelm Mayer, Höttingen 1793, Öl auf Leinwand)

Georg David Preu (*28.9.1736, +30.8.1823) war Mitglied des Äußeren Rates und gehörte zu den angesehensten und reichsten Familien der Stadt. 1801 wurde er Zoll- und Waagmeister, 1823 war er ältester Senator. Die Porträts von sich und seiner Ehefrau, Maria Katharina Hermann, spiegeln Reichtum und Modebewusstsein der Familie wider.

Wismutkästchen Anf. 17. Jh., Nürnberg oder Ulm (Abb. 27)
Buchenholz, mit Kreidegrund und Überzug aus pulverisiertem Wismut, Der Wismutüberzug ergibt poliert einen metallischen Glanz (heute durch Oxydation dunkelbraun). Darauf wurde eine dichte Blumen- und Früchtemalerei aufgetragen. Durch das in der Mitte des Deckels aufgemalte Herz mit den darüber ineinander gelegten Händen und den Maiglöckchen galten sie häufig als Verlobungs-, Hochzeits- oder Geschenkkästchen für allerlei Utensilien.

Grabstein für zwei Mädchen 1611/12
Die Kindersterblichkeit war in den früheren Jahrhunderten sehr hoch. Die Kinder, die auf dem Grabstein genannt sind, wurden nur wenige Wochen alt und starben im Abstand von einem Jahr.

Anno 1611 den 25. Augusti
starb Anna Margarete
Balthasars Riecken Schenkischen
Richters zu Geyern Töchterlein
Ires Alter 18 Wochen

Anno 1612 den Juni
starb Anna Ursula vorge-
dachts Schenkischen Richter
Töchterlein Ires Alters 8 Wochen
Armen Seels ...
gott gnädig sein ...

Eisenbeschlagene Truhe, 17. Jh.
Gold und andere Wertsachen wurden im privaten und öffentlichen Bereich durch Eisenbeschläge und komplizierte Schlösser gesichert.

Dochtschere Messing (Abb. 28, unten)
Die Dochtschere stammt aus dem 17./18. Jahrhundert und ist mit einer Darstellung des Reichsadlers geschmückt.

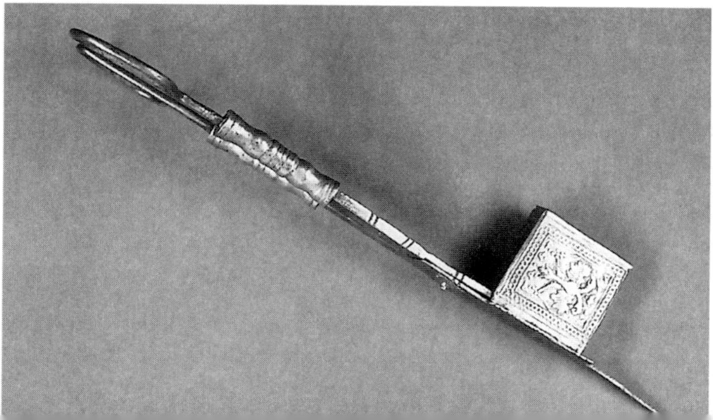

Juden (8)

Wichtigster Grund für die Anziehungskraft der Städte auf Juden war deren rasch wachsende Bedeutung als wirtschaftliche Zentralorte, so dass Geldhandel möglich war. Die Anwesenheit von Juden ist ebenso wie das Erreichen wichtiger verfassungsrechtlicher Privilegien und der Bau der Stadtpfarrkirche St. Andreas im ausgehenden 13. und beginnenden 14. Jahrhundert ein sicheres Zeichen für eine aufstrebende Bürgergemeinde mit einem nicht geringen wirtschaftlichen Potential. Bis 1312 hatte sich Weißenburg wirtschaftlich so gut entwickelt, dass eine eigene städtische Judenordnung nötig wurde. Daher erließ man am 25. Juli 1312 eine aus Nürnberg übernommene und in deutscher Sprache ausgefertigte Judenordnung, welche die rechtlichen Beziehungen zwischen Christen und Juden regelte. Die Juden waren in jener Zeit keineswegs auf bestimmte Stadtteile eingeengt, sondern konnten ihre Wohnungen innerhalb der Stadt frei wählen. So befand sich bis 1520 ihre Synagoge in einiger Entfernung zur „Judengasse“ am heutigen Platz „Auf der Kapelle“. Juden standen unter dem Recht der königlichen „*Kammerknechtschaft*“, so dass sie vollkommen von der Befehlsgewalt des Königs abhängig waren. Diese beinhaltete unter anderem auch den Judenschutz, wofür diese allerdings bezahlen mussten. Der Kaiser übertrug nun die Schutzfunktion den Städten, die wiederum von

Abb. 29 Jüdischer Geldwechsler, Holzschnitt von1491

den Juden hohe Steuern und andere Abgaben verlangten. Nur ein Teil davon wurde an den König abgegeben. Zu den Steuern gehörten zum Beispiel die Juden-, Kopf- und Krönungssteuer. Letztere wurde beim Tod eines Königs erhoben, um den Schutz des Nachfolgers neu zu erkaufen. Grundsätzlich verboten war den Juden die Ausübung eines Handwerks oder das Führen einer Landwirtschaft außerhalb der Stadtmauern. Dazu bewirkten die Kreuzzüge, dass Juden auch das Recht verloren, Handel zu treiben. Damit waren sie aus dem „normalen" sozial-öffentlichen Leben ausgeschlossen. Es blieb ihnen praktisch nur noch das Kreditgeschäft auf der Grundlage eines 1179 von Papst Alexander III. erlassenen Rechtes, wonach sie Geld gegen Zinsen („Wucher") ausleihen durften. In der Folgezeit kam es immer wieder zu Ausschreitungen gegen Juden (13.–14. Jh.). Im mittelfränkischen Gebiet ist besonders die *„Rindfleisch-Verfolgung"* bekannt geworden: im Jahr 1298 nahm ein verarmter Ritter und Judenhasser namens Rindfleisch das Gerücht einer Hostienschändung zum Anlass, mit einer Bande von Mördern durch insgesamt 60 fränkische und schwäbische Städte zu ziehen und alle Juden zu ermorden, deren er habhaft werden konnte. Man weiß von 450 Opfern allein in Rothenburg, 56 in Windsheim und 11 in Weißenburg. In der Mitte des 14. Jahrhunderts rollte die erste große Pestwelle über Europa hinweg, und auch dafür machte man die Juden verantwortlich, indem man sie beschuldigte, Brunnen und Quellen vergiftet zu haben. Wiederum kam es zu Übergriffen. Danach hatten die jüdischen Gemeinden in den Reichsstädten keine große Bedeutung mehr.

Die Weißenburger Judengemeinde, die um 1480 etwa 150 Seelen zählte, wurde 1520 vollständig aus Weißenburg gewiesen. Man muss diese Judenvertreibung wohl im Zusammenhang mit den harten und vom finanziellen Zusammenbruch bestimmten Jahrzehnten zuvor und den theologischen Auseinandersetzungen der Zeit um 1520 sehen. Am 5. Juni 1520 führten zwei Bürgerinnen den Angriff auf die Synagoge und die jüdischen Häuser in der Stadt. Sie wurden zwar bestraft, doch zogen die Juden in Konsequenz der feindlichen Übergriffe aus der Stadt fort. Bis zum 6. Juli hatten die Weißenburger Juden ihre Häuser verkauft und wurden mit einer Eskorte bewaffneter

Ratsherren aus der Stadt geleitet. Auf dem Platz der niedergerissenen Synagoge wurde kurz danach eine Marienkapelle errichtet. Man versuchte, dort eine Wallfahrt zur Mutter Gottes ins Leben zu rufen, doch wurde die Kapelle vom Bischof in Eichstätt nie geweiht, die Wallfahrt spätestens nach 1530 nicht weiter ausgeübt und die Kapelle schließlich abgebrochen. Bis heute erinnert nur noch der Platzname „Auf der Kapelle“ in der Nähe des Ellinger Tores an diese Begebenheiten.

⌘ **Grabstein einer jüdischen Frau** (Weißenburg 1290, Abb. 30)

Der Stein wurde in einem ehemaligen Bürgermeisterhaus aufgefunden, wo er Hohlräume in einer Mauer verdeckte, die mit verbranntem Gebein gefüllt waren. Übersetzung des Grabsteins vom 19. November 1290:

1. Diese Zeichen
2. gesetzt zu Häupten
3. der Nechel, Tochter des Herrn
4. Elija, die verschied
5. in ihre Welt, 15
6. Kislev, am Dienstag, im Jahre
7. 51 der (kleinen) Zählung, ihre Seele sei eingebunden im Bündel des Lebens
8. Amen Amen Amen Sela

Abb. 30

1. OG Wissenschaft

Johann Alexander Döderlein (9)

Einige Stufen führen hinauf in das erste Obergeschoss, wo der Blick der Besucher zuerst auf eine alte Ratssänfte fällt (siehe Abb. 35). Schräg gegenüber wurde eine Nische einzig mit Erinnerungsstücken an den aus einem alten Weißenburger Geschlecht stammenden Pfarrerssohn Johann Alexander Döderlein (1675–1745) ausgestattet (Abb. 31, rechts). Er studierte unter anderem in Altdorf und war der typische barocke Polyhistor, ein umfangreich gebildeter Gelehrter, der sich mit zahlreichen Fachgebieten befasste. So kann man ihn als Historiker, Naturwissenschaftler, Sprach- und Altertumsforscher sowie Pädagogen bezeichnen. Sein vielseitiges Interesse spiegelt sich in seinen zahlreichen Publikationen zu den verschiedensten Wissensgebieten wider. Eine besondere Rolle kommt ihm auch im schulischen Bereich der Reichsstadt zu, denn er war von 1702 bis 1745 Rektor der Lateinschule, die unter ihm ihre Blütezeit erlebte.

⌘ **Zwei Bücher des Weißenburger Gelehrten J. A. Döderlein**

Die beiden Originalausgaben belegen Johann Alexander Döderleins Vielseitigkeit. Hier ist zunächst im Vordergrund seine Genealogie des gräflichen Hauses zu Pappenheim zu nennen. Das umfangreiche Werk mit einer Reihe von genealogischen Übersichten und einer Ansicht Pappenheims wurde in Schwabach im Jahr 1739 gedruckt. Dahinter die Arbeit über *Vallum et Murum, vulgo die Pfahl-Heck, Pfahlrayn, item „Die Teuffels-Mauer" genannt*, gedruckt in Nürnberg 1723, mit der Döderlein einer der Begründer der Limesforschung wurde.

Benützerantrag Döderleins für das Archiv der Reichsstadt Weißenburg (1723, Reproduktion)
Mit Schreiben vom 28. Mai 1723 berichtet Döderlein dem Weißenburger Rat von der Drucklegung seiner Arbeit über den Limes und bittet gleichzeitig um die Erlaubnis zur Einsicht in „ein und andern aufbehaltenen alten scripturen“ für die Erarbeitung einer Kirchen- und Reformationsgeschichte. Dieser Brief, von ihm eigenhändig „*ex museo*“ unterschrieben, ist zugleich der älteste Benützerantrag für das Stadtarchiv.

Schule und Musik (10)

Bis zum Aufkommen der Universitäten als Orte der höheren Bildung übten die Domschulen großen Einfluss auf das frühe Bildungswesen der Städte aus. Meist lag die einfache Schulbildung in den Händen der Klöster. Aufgrund der Reichsstandschaft übernahm später die Stadt Weißenburg das Bildungs- und Erziehungswesen selbst. Neben den von den Zünften unterhaltenen Privatschulen gab es auch städtische Schulen, die von Geistlichen unter der Aufsicht des Rats geleitet wurden. In Weißenburg ist erstmals 1341 ein „Schulmeister“ urkundlich belegt. 1517 wurde der Stadt von einem ihrer Söhne, der in Speyer als Jurist tätig war, eine über 100 Bände umfassende Bibliothek vermacht, die zum Grundstock für die Ratsbibliothek wurde. Diese jedem Bürger zugängliche Bücherei zeigt, wie bestrebt die Stadt war, ihren Bürgern eine umfassende Bildung zu ermöglichen.
Vor der Reformation war das Schulwesen von der Geistlichkeit geprägt. Luther legte 1524 mit seiner Schrift „An die Ratsherrn aller Städte deutschen Landes, dass sie christliche Schulen aufrichten sollen“ den Grundstein für die Neuordnung des Bildungswesens. Der Reformator forderte darin die allgemeine Schulpflicht für Jungen und Mädchen sowie einen eigenen, besoldeten Lehrerstand. An den Schulen sollten neben den klassischen Sprachen (Latein, Griechisch) auch Mathematik, Geschichte und Dichtung unterrichtet werden, so dass die Schule dem Evangelium und dem Wohl der Gemeinschaft dienen könne. Eine solche Lateinschule wurde 1536 in Weißenburg ge-

Abb. 32 Himmelsglobus aus Holzschnittsegmenten auf einer Pappmachékugel von Tilmann Stella 1555

Abb. 33 Blick in den Raum „Schule und Musik“. An der Wand die Portraits der Familie Preu, darunter das Klavichord und das Dirigentenpult, im Vordergrund der Himmelsglobus

gründet. Sie erhielt 1580/81 auf dem aufgelassenen Friedhof vor der St.-Andreas-Kirche ein neues Schulgebäude, das heute als Mesnerhaus dient.

Im hohen Mittelalter waren es vor allem fahrende Spielleute, die volkstümliche Musik in den Städten zum Besten gaben. Auf dem „Volto Santo"-Fresko (14. Jh.) in der Weißenburger Karmeliterkirche ist ein solcher dargestellt (Abb. 34, links). Später gab es mehrere ortsansässige Musiker. Neben den kirchlich-schulischen Ämtern des Kantors und Organisten hatte die Stadt noch einige *„musici"*, d. h. Stadtmusiker und Stadtpfeifer, die im Andreasturm wohnten, da sie auch Wachtdienst tun mussten. Der bekannteste der Weißenburger Musikergilde ist Andreas Ehrenfried Forstmeyer, der als Jagdhornist in Baden diente und von dem einige Kammermusikwerke überliefert sind.

⌘ Porträt des Ansbacher Hofmalers Johann Carl Zierl

Kupferstich des Augsburger Kupferstechers Haid, entstanden nach einem Selbstporträt des Ansbacher Hofmalers Johann Carl Zierl (*1679 in Nürnberg, +1744 in Weißenburg).

Der in Nürnberg 1679 geborene Johann Carl Zierl kam im Alter von 6 Jahren mit seiner Mutter nach Weißenburg. Nach dem Besuch der Lateinschule wurde er zunächst Zeichenlehrer in Pappenheim, kam dann durch verwandtschaftliche Vermittlung an den Hof der Markgrafen von Ansbach, wo er 1703 zum Hofmaler ernannt wurde. Sein kometenhafter Aufstieg endete 1714 abrupt durch die Verstrickung in eine politische Auseinandersetzung, die ihn viereinhalb Jahre Haft kostete, wovon er sechs Monate auf der Festung Wülzburg einsaß. Danach ließ sich Zierl in Weißenburg nieder, wo er wohlhabende Bürger porträtierte, so auch den Gelehrten Johann Alexander Döderlein.

Gebundenes Klavichord, 1784

von Christian Gottlob Hubert, Hochfürstlicher Ansbachischer Instrumentenbauer

Das Klavichord war bis ins 19. Jahrhundert ein beliebtes Hausinstrument. Bei Musikern und Dichtern der Klassik und Romantik war der zarte, nuancierbare Klang und das lange Tragen der Töne beliebt. Daher wurden sie nicht nur als Übungsinstrumente von Organisten und Hausmusikern geschätzt, sondern häufig auch von Komponisten verwendet.

Dirigentenpult, höhenverstellbar, von 1776

Darauf ein Titelblatt des Weißenburger Gesangbuches; gedruckt und verlegt von Carl Friedrich Meyer

Ein Notenblatt des Weißenburger Musikers und Komponisten Andreas Ehrenfried Forstmeyer, der ab 1770 als Hofmusiker in Baden wirkte.

Porträts der Weißenburger Bürgerfamilie Preu, 17. Jh.

Leihgabe: Rainer Gutmann, Weißenburg

Mit ihrem Festgewand lassen sich die beiden porträtieren. Der Mann blickt in eine leere Muschelschale und stützt sich auf ein Pergament mit dem Spruch *„Omnia sunt vana Excorda Relata (...)“* („Alles ist inhaltslos (leer) und unverständig, was berichtet wird“).

Himmelsglobus von Tilmann Stella, dat. 1555 (Abb. 32)

Durchmesser 28 cm, über Pappschicht Gipskreidegrund, Beklebung: 12 Holzschnittsegmente mit 48 ptolemäischen Sternbildern im neuen Stil des 16. Jh.

Tilmann Stella (*1525 in Siegen) war von 1551–1581 als Wasserbaumeister und Landvermesser in herzoglichem Dienst in Mecklenburg. Er schuf 1553 für Herzog Johann Albrecht einen Himmelsglobus, der verschollen ist. Dieser zweite Himmelsglobus – mit Widmung an den Kurfürsten August von Sachsen – ist der einzige erhaltene Himmelsglobus von T. Stella und gelangte auf unbekannte Weise in den Fundus des Reichsstadtmuseums.

Kettenbuch

Sammelhandschriften des 15. Jh. aus dem Besitz des Johann Nunner, erster Kaplan im neuen Spital in Weißenburg 1466

Seit dem 11. Jahrhundert gab es „Kettenbibliotheken“, zu denen interessierte Laien eingeschränkten Zugang hatten. Ihren Namen bekamen die Bibliotheken und die Bücher von den langen eisernen Ketten, mit deren Hilfe die offen auf Lesepulten ausliegenden Bücher vor Diebstahl geschützt wurden.

Aushängeschild eines Schulmeisters, 1516

Ambrosius Holbein; Reproduktion (Orig.: Öffentliche Kunstsammlung Basel, Kunstmuseum)

Ein Schulmeister und seine Frau bringen drei Knaben und einem Mädchen das Lesen bei. In den Reichsstädten gab es neben den vom Rat unterhaltenen Lateinschulen auch eine Anzahl von freien Schreib- und Rechenschulen. Diese sogenannten „Deutschen Schulen" mussten – wie ihre Konkurrenten – um genügend Schüler werben. Der Text über dem Schild verspricht, dass Schülern jeden Alters und Geschlechts und ohne Vorkenntnis in kurzer Zeit das Lesen und Schreiben der deutschen Sprache beigebracht werde. Im Falle des Nichterfolges werde das Schulgeld zurückerstattet.

Städtischer Rat

Ratssänfte (11) (Abb. 35 unten)

Holz, Stoff, mit Harz imprägniert, 18. Jh., Magistratsbesitz

Angehörigen des Rates war es erlaubt, sich mit der Sänfte zu den Sitzungen im Rathaus tragen zu lassen. Dies war ein wichtiges Statussymbol, imitierte man dabei doch eine Sitte der Für-

stenhöfe. Die Sänfte ist von schlichtem Äußeren, die Sitzbank gepolstert und Fenster und Vorderteil zu öffnen. Am Zielort angelangt, wurde das ebenfalls hochklappbare Dach geöffnet, so dass der Ratsherr nicht in geduckter Haltung, sondern mit erhobenem Haupt aus der Sänfte steigen konnte.

Reichsstädtische Selbstverwaltung (12)

In der ersten Hälfte des 13. Jahrhunderts hatte sich in Weißenburg eine herausgehobene Bürgervertretung unter Leitung des königlichen Amtmanns ausgebildet. Um die Wende zum 14. Jahrhundert war diese bereits eine feste Organisation, die sich immer mehr vom Einfluss des Amtmanns emanzipierte. Die Mitglieder des Stadtrats bildeten das Regierungsorgan der Stadt (Abb. 36). Sie trafen alle wichtigen politischen und wirtschaftlichen Entscheidungen. In Weißenburg wird der reichsstädtische Rat mit der ältesten Satzung zu Beginn des 14. Jahrhunderts erstmals konkret fassbar: ein Gremium von 13 Räten unter Vorsitz eines monatlich wechselnden „Fragers". Nach heftigen Auseinandersetzungen zwischen den Bürgern um die Ratsfähigkeit (Arme und Reiche) wurde 1377 eine Einigung erzielt, der zentrale Bedeutung zukommt, da sie als Ratsverfassung bis zum Ende der Reichsstadtzeit 1802 Gültigkeit hatte.
Dem Inneren (Kleinen) Rat (13 Mitglieder) wurde ein Äußerer (Großer) Rat (26 Mitglieder) gegenübergestellt, der mit weitreichenden Kompetenzen ausgestattet wurde, gleichzeitig wurde das Verfahren der Ratswahl genau geregelt (vgl. Abb. 36). Neben dem eigentlichen Ratsamt wurden bei der Wahl auch die städtischen Ämter besetzt, wobei durchaus mehrere Ämter in einer Person vereinigt wurden, wie 1506 bei Hans Amann, der Mitglied des Kleinen Rats, Stadtrechner, Fleischsetzer sowie Spital- und Karmeliten-Pfleger war. Im Laufe der Zeit korrumpierte der Rat, da die Ämter immer wieder den gleichen Familien zufielen. Dadurch kam es im 17. Jahrhundert zu Streitigkeiten mit der Bürgerschaft, die bis zum Ende der Reichsstadtzeit anhielten (sog. Impetrantenstreit).
Ratsherr konnte nur ein vollberechtigter Bürger der Stadt werden, der keine allzu engen verwandtschaftlichen Beziehungen

Die Verwaltungsstruktur der Reichsstadt Weißenburg

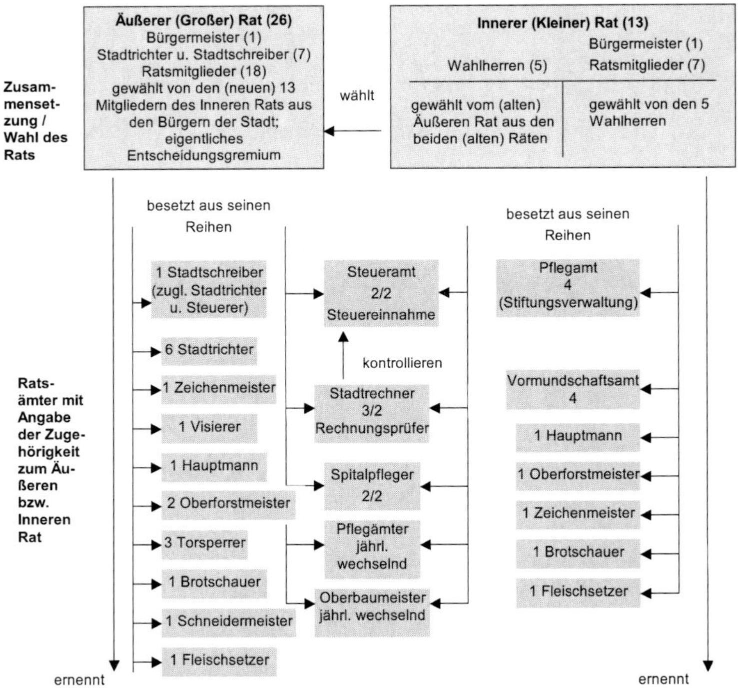

wichtigste städtische Ämter, nach Bereichen geordnet

Ratsdienste	Landwirtschaft	Bauwesen	Handel Gewerbe	Forstwirtschaft Flurschutz	Wachdienste	Kirche Schule
Substituten (Kanzleiangestellte) Stadtboten Stadtknechte Überreiter	Stadtschäfer Hirten Stadtmüller Schweinehirten Schafschauer	Unterbaumeister Steinmetz Ziegler Ziegelschauer	Messer Einleger Visierer Bäckermeister Metzgermeister	Förster Steiner Flurhüter	Türmer Torwärter Torsperrer Hauptleute Zirker (Nachtwächter) Stadtsöldner	Mesner Kantor Schulmeister Totengräber

Wahlmodus: Beide Räte werden am 1. Mai gewählt. Die 26 Ratsherren des Äußeren Rates wählen zunächst 5 Wahlmänner (Electores) aus beiden alten Ratsgremien aus. Diese wählen als zukünftige Mitglieder des Inneren Rates weitere 8 hinzu. Die 13 wählen anschließend aus den Bürgern der Stadt 26 zu Mitgliedern des Äußeren Rates. Von den 26 haben 18 mindestens ein zusätzliches Amt (die übrigen 8 sind nur Ratsmitglieder).

Abb. 36 Verwaltungsstruktur der Reichsstadt Weißenburg

Abb. 37 Weißenburger Ratskannen

zu anderen Ratsmitgliedern hatte. Mit dem Amtseid verpflichteten sich die Ratsherrn, zum Nutzen der gesamten Gemeinde zu arbeiten und Amtsverschwiegenheit zu wahren. Die Sitzungen des Rats fanden an den Wochentagen statt, für Samstag und Sonntag sind nur in Ausnahmefällen Ratssitzungen belegt (z. B. in Kriegszeiten). Die Protokolle nennen zwischen zwei und sechs Beratungstage pro Monat, wobei nur der Innere Rat regelmäßig tagte. Selten und nur zu besonderen Anlässen fanden gemeinsame Sitzungen mit dem Äußeren Rat statt.

⌘ **Ratskannen** Zinn; M. Hemelsam d. J., Nürnberg 1652 (Abb. 37)
Ein Relikt des Weißenburger Ratszinns bilden die 13 (ursprünglich 24) Ratskannen. Die über 50 Zentimeter hohen Zinngefäße, die auf ihrer Vorderseite jeweils mit einem Reliefabguss des Wappens der Stadt verziert sind, wurden von dem Nürnberger Zinngießer Michel Hemelsam d. J. 1652 angefertigt. Die Ratskannen waren nicht nur Bestandteil des Ratsschatzes und prachtvolle Schmuckstücke, sondern wurden von den Ratsherren bei Festbanketten, so zum Beispiel beim Besuch des Kaisers in der Stadt, auch als Trinkgefäße genutzt. Wohlstand und Kaisertreue der Reichsstadt fanden in den mächtigen Zinnkannen einen sinnfälligen Ausdruck.

Amtseidbuch Weißenburg, 1600
Die Anzahl und die Wahlart aller Stadtämter waren in den Reichsstädten exakt festgelegt und schriftlich fixiert. Jeder Bürger, der ein Amt erhielt, musste schwören, die mit seiner Aufgabe verbundenen Pflichten treu zu erfüllen. Im städtischen Amtseidbuch wurden die zu leistenden Eide seit dem Jahr 1377 aufgezeichnet.

Gerichtswesen (13)

Die Ausbildung eigener Stadtgerichte war eine Voraussetzung auf dem Weg zur reichsstädtischen Unabhängigkeit von fremder Gerichtsbarkeit. 1274 befreite Rudolf I. neben Zürich auch alle anderen Reichsstädte von der auswärtigen Gerichtsbarkeit, wodurch sich diese endgültig zu eigenen, in sich geschlossenen Rechts-, Verwaltungs- und Wehrbezirken entwickeln konnten. Auch Weißenburg ließ sich 1296 bestätigen, dass seine Bürger nur vor dem Weißenburger Amtmann als zuständigem Richter beklagt werden durften. Im Lauf des 14. Jahrhunderts konnten die Weißenburger die alleinige Verfügungsgewalt über das Stadtgericht erlangen. Dieses wurde vom Stadtschreiber (Gerichtsschreiber) und sechs Stadtrichtern gebildet, die aus dem Äußeren Rat gewählt wurden. Obwohl Weißenburg 1431 von Kaiser Sigmund der Blutbann verliehen wurde, übte der königliche Amtmann bis ins 16. Jahrhundert die Hochgerichtsbarkeit in der Stadt aus. Erst 1535 fiel auch dieses Recht durch die Übernahme der Reichspflege endgültig in die Verfügungsgewalt der Stadt Weißenburg. Zu einer Reform des lückenhaften und unübersichtlich gewordenen Weißenburger Rechtes kam es zwischen 1691 und 1754 im Zuge der Auseinandersetzungen zwischen Rat und Bürgern. Die rund 900 Punkte umfassende neue Rechtssatzung trat aber offensichtlich nie in Kraft.

⌘ **Gerichtsprivileg von 1296** (Reproduktion)
Das Gerichtsprivileg König Adolfs von 1296 markiert den Beginn einer Reihe von Privilegierungen der deutschen Könige und Kaiser für die Stadt Weißenburg. Am 22. November 1296 erhielten die Weißenburger auf deren Bitte hin das Recht, dass die Bürger bei gerichtlichen Streitsachen nicht vor einen aus-

wärtigen Richter geladen werden, sondern sich nur vor dem jeweils amtierenden königlichen Richter (= Amtmann) in Weißenburg verantworten sollten. Dies war ein wichtiger Schritt hin zur autonomen Verwaltung der Stadt.

Urkunde über die hohe Gerichtsbarkeit an die Reichsstadt Weißenburg 1431

Zur Entwicklung der reichsstädtischen Landeshoheit gehörte die Übernahme der hohen Gerichtsbarkeit. Reichsrechtlich wurde seit dem Spätmittelalter der König als oberster Richter angesehen, von dem sich die hohe Gerichtsbarkeit ableitete. Erst mit der Verleihung an den Hochrichter war dieser befugt, über Rechtsfälle zu urteilen, die Leben, Ehre, Freiheit und Eigentum betrafen. Die Gerichtsbarkeit mit „Rad und Galgen" und über „Erb und Eigen" wurde zum wesentlichen Bestandteil der Territorialhoheit der Stadt. In Weißenburg wurden die Entscheidungen über Leben und Tod von den Weißenburger Amtmännern als königlichen Vertretern gefällt, doch gelang es den Bürgern, die höchste richterliche Gewalt in ihrer Stadt ab 1431 in ihre eigene Zuständigkeit zu bekommen.

Am 2. September 1431 erteilte König Sigmund der Stadt Weißenburg das Recht, *das sy und ir nachkomen nu hinfur alletzit alle und yglich schedlich lute, mordprenner, felscher, morder, rauber, diep oder ander schedlich lüte (...) wol strafen und büßen mügen, ir yglichem ainen solichen tode oder bußt an leibe oder an gelidern oder in ander wege strafe und buße ufzesetzen und antzelegen*. Nach kaiserlichem Willen sollte der Stadt die Hochgerichtsbarkeit nicht mehr genommen werden.

Gerechtigkeitsbilder (Abb. 38)

Holzschnitt Sebald Beham, Titelumrahmung zu Justinus Gobler, Der gerichtliche Prozeß, Frankfurt 1534, hernach Auflage von 1542

Links oben das Urteil Salomos, daneben Christus und die Ehebrecherin; links das Urteil des Kambyses und die Blendung des Zaleukos, außerdem Solon und Anacharsis sowie ein Richter (Jupiter), der beide Parteien anhört. Auf der unteren Randleiste Darstellung des Reichstages zu Worms.

Der Berichtlich Proceß/ Auß geschribenen Rechten/ vnd nach gemeynem im Heyligen Reich Teutscher Nation gebrauch vnnd vbung/ in zwey theyl verfaßt/ deren

Erster teyl inhelt die ware vnd recht Practicen aller vnd ieder Gerichtlicher Terminen/ wie die auffs ordenlichst Schrifftlich vnd mündlich einbracht werden mögen.

Der Ander teyl helt innen die Theorica/ mit anzeygung vnd erklärung vieler güter Doctrinen/ Regulen vnd Cautelen. Auch namhafftiger Allegirung der Rechten vnd Rechtsgelerten/ allenthalben angehenckt.

Jetzt von newem/ vnnd hievor der gestalt im Truck nit mehr außgangen.

Cum gratia & priuilegio Imperiali.

Franckfurt. Chr. Egenolff.

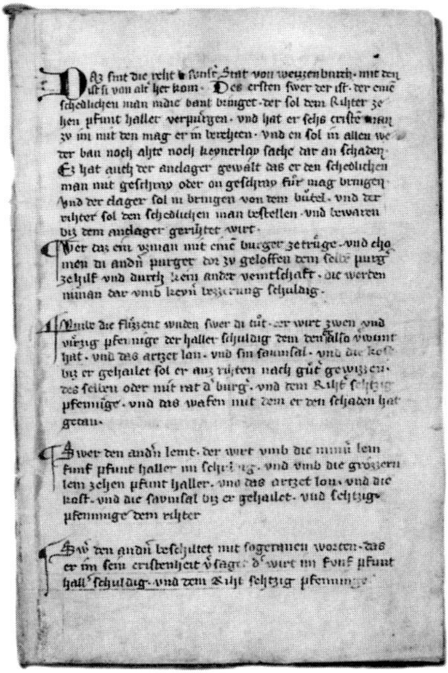

Abb. 38 Gerechtigkeitsbilder, Holzschnitt von 1534

Abb. 39 Erste Textseite aus dem Stadtrechtsbuch

Stadtgerichtssiegel

Foto und Abguss (Orig.: Badisches Landesmuseum)

Der Siegelstock des Weißenburger Stadtgerichts zeigt als Siegelbild das älteste Stadtwappen von 1241 und die Umschrift SIGILLUM JUDICY CIVITATIS WEISSEMBURGENSIS (Siegel des Gerichts der Stadt Weißenburg).

Das älteste Weißenburger Stadtrechtsbuch (Pergament)

Das älteste Weißenburger Stadtrecht ist in einem kleinen Büchlein auf acht Pergamentbögen zusammengefasst (Abb. 39). Es stammt vom Anfang des 14. Jahrhunderts und enthält neben verfassungsrechtlichen Bestimmungen wie z. B. über die Ratswahl auch zivil- und strafrechtliche Anweisungen. Die Abbildung zeigt den Beginn des Rechtstextes: *Daz sint die reht in unsrer stat von Weizzenburch, mit den ist si von alt her kom.*

Das Weißenburger Stadtgericht (Papier)
Die Tätigkeit des Weißenburger Stadtgerichts ist in einer Vielzahl von Dokumenten überliefert. Bei den Sitzungen wurden Protokolle zu den verhandelten Themen gefertigt. Auch ein Steckbrief – damals noch ohne Fahndungsbild, aber mit ausführlicher Personenbeschreibung – findet sich in den Akten.

Halsgerichtsordnung Kaiser Karls V.
Die Halsgerichtsordnung von 1532 war die erste, für das ganze Reich geltende Kodifikation, die Strafrecht und Strafprozessrecht umfasste. Sie führte u. a. den Inquisitionsprozess (Folter) auch bei den weltlichen Gerichten ein. Aufgeschlagen ist eine Darstellung der Urteilsverlesung mit den folgenden Leibstrafen, vom Auspeitschen bis zur Hinrichtung mit Schwert, Rad und Galgen.

Der juristische Buchbestand der Ratsbibliothek
Die Weißenburger Ratsbibliothek diente neben ihren pädagogischen und kirchlichen Funktionen vor allem für juristische Zwecke. Einige Beispiele aus dem reichen Fundus sind hier ausgestellt, wobei als herausragendes Beispiel aus der Inkunabelsammlung die umfangreiche Gesetzessammlung des oströmischen Kaisers Justinian (527–565) – der Codex Justinianus – hervorzuheben ist.

Wirtschaftsleben der Reichsstadt (14)

Verkehrswege

Seit keltischer Zeit lag Weißenburg an wichtigen Verkehrswegen. Unter den Römern verlief hier eine der Limes-Militärstraßen, die auch im Mittelalter weiter benutzt wurde. Die „Nibelungenstraße“ führte von Paris über Worms, Passau und Wien nach Ungarn und tangierte Weißenburg ebenso wie die von der Ostsee kommende „Bernsteinstraße“. Die Stadt war daher über lange Zeit ein wichtiger Straßenknotenpunkt. Sie profitierte in vielfältiger Weise – Zölle, Steuern, Herbergen – von ihrer Lage an den Hauptstraßen des Reiches. Allerdings schwanden diese Vorteile mit dem Bedeutungsrückgang jener Handelswege im Lauf der frühen Neuzeit.

Wirtschaft

Die Wirtschaftsfunktion einer mittelalterlichen Stadt lag in ihrer Eigenschaft als Markt. Bereits im Frühmittelalter bildete die Stadt eine wirtschaftliche Einheit mit ihrem Umland, d. h. die Waren der Städte wurden im Tausch mit den landwirtschaftlichen Produkten der Umgebung gehandelt. Im Hochmittelalter veränderte sich diese Wirtschaftseinheit, da die Ausbildung eines intensiveren arbeitsteiligen Stadtgewerbes den Erfordernissen entsprechend neu konstituiert wurde. Im Spätmittelalter wurde dies durch die Entwicklung zur Reichsstadt verkompliziert. Während das Umland zum größten Teil den territorialen Nachbarn unterstand, bildeten sich die Reichsstädte zu Enklaven inmitten fremder Gebiete um, da es ihnen im Allgemeinen nicht gelang, ihr Umland unter ihre Hoheit zu bekommen. Die Reichsstädte brauchten die dementsprechend geringen und verstreuten Besitzungen in ihrer Umgebung in erster Linie, um sich selbst mit land- und forstwirtschaftlichen Produkten ausreichend versorgen und die durchreisenden Kaufmannszüge besser schützen zu können

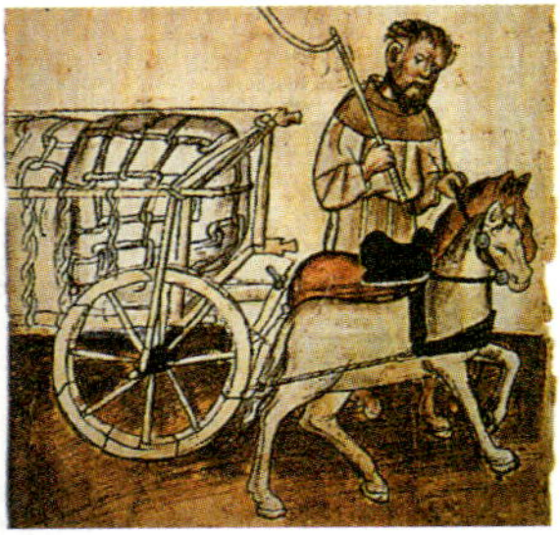

Abb. 40 Fuhrmann

Die zentralörtliche Bedeutung der Stadt wurde durch königliche Privilegien gestärkt und Weißenburg dadurch zum Handels- und Gewerbezentrum des gesamten Umlandes. Die entscheidende wirtschaftliche Basis war die Landwirtschaft, welche die Selbstversorgung der Reichsstadt garantierte. Daneben spielte das Gewerbe, dessen Schwerpunkt in den Bereichen Nahrung und Bekleidung lag, eine wichtige Rolle. Während die meisten Gewerbezweige für den Eigenbedarf der Stadt arbeiteten, waren die textilproduzierenden Handwerke auch exportorientiert. Zwar entwickelte sich hier nie ein ausgesprochenes Exportwesen, jedoch waren die Weißenburger Tuchmacher und Weber auf den oberdeutschen Messen vertreten.

Hauptmesseort für Weißenburg war die Reichsstadt Nördlingen, in der seit Ende des 13. Jahrhunderts jeweils am ersten

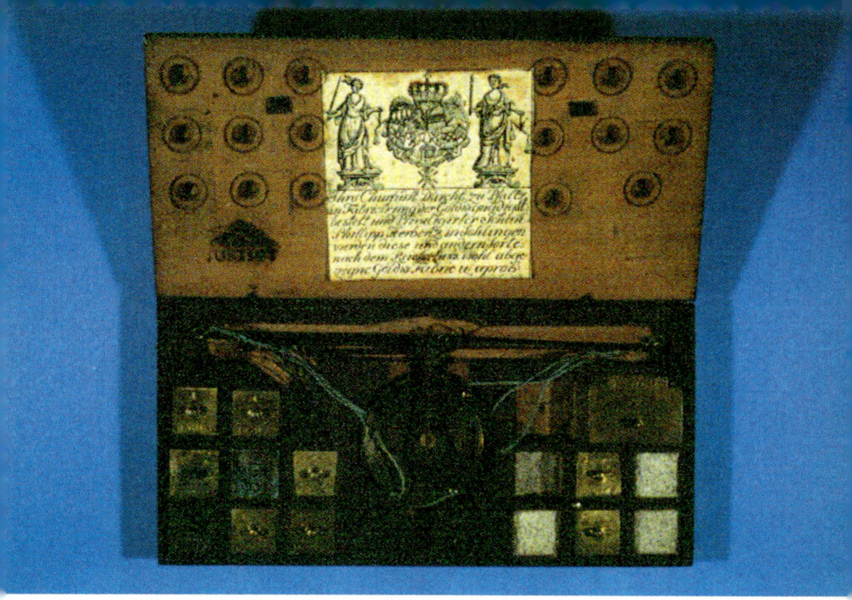

Abb. 41 Münzwaage 1770

Abb. 42 Waldschenkungsurkunde Ludwigs des Bayern

Samstag nach Pfingsten eine 14-tägige, vor allem auf Tuch und Wolle spezialisierte Messe stattfand, auf der die Weißenburger im Schnitt mit über 30 Besuchern vertreten waren. Die Messe diente nicht nur als Absatzmarkt, sondern die Handwerker und Händler konnten sich hier auch mit Rohstoffen eindecken.

Münzwesen

Wie die anderen kleinen fränkischen Reichsstädte besaß Weißenburg nicht das Recht, eine eigene Münze schlagen zu dürfen (Münzregal). Zu Beginn des Dreißigjährigen Krieges führte die Silberknappheit sowie der gestiegene Geldbedarf der Regierungen aber dazu, dass Münzen aus Kupfer geprägt wurden. Auch das nicht prägeberechtigte Weißenburg brachte eine eigene, in Nürnberg geschlagene Währung in Umlauf. Diese Inflationsphase wird als Zeit der Kipper und Wipper bezeichnet. Vollwertiges Silbergeld wurde mittels einer Waage von schlechtem ausgesondert und auf das zum Einschmelzen bestimmte Häufchen gekippt (Wippen = Wiegen; Kippen = unterschiedliche Münzhaufen bilden).
Im 13./14. Jahrhundert war in Franken der Haller verbreitet, dem ab 1400 der Groschen folgte. Ab der 2. Hälfte des 15. Jahrhunderts war dann der rheinische Goldgulden im Umlauf, der im folgenden Jahrhundert durch den Joachimsthaler (Taler) abgelöst wurde. Die Reichsmünzordnung von 1559 brachte eine Stabilisierung des aufgesplitterten Münzwesens. Münzprobationstage, die für Süddeutschland seit 1571 abwechselnd in Nürnberg, Augsburg und Regensburg stattfanden, überprüften, ob die umlaufenden Münzen von gutem Schrot (Gewicht) und Korn (Feingehalt) waren. Nach der Zeit der Münzverschlechterung im Dreißigjährigen Krieg setzte man für Franken den Münzfuß neu fest. Bis 1806 galt der 120-Kreuzer-Fuß, dem 24 Gulden als einer feinen Mark zu 234 Gramm Feinsilber entsprachen (24 Gulden = 120 Kreuzer).

Reichswald – Stadtwald

Der Wald bildete bis ins 19. Jahrhundert hinein einen der wichtigsten Rohstofflieferanten für die Menschen. Er war die Grundlage wirtschaftlicher Entwicklung und vor allem als Holzlieferant, aber auch als Weidefläche (Waldweide), Quelle von Honig, Wachs, Beeren und Fleisch über Jahrhunderte Grundlage des Lebens. Man benötigte Holz im Bausektor, als Brennmaterial und in fast allen Handwerken, wurden doch die Gebrauchsgegenstände (Möbel, Küchengeräte, Fässer etc.) allesamt aus Holz hergestellt. Zur Errichtung eines einfachen Stadthauses brauchte man im Schnitt 12 Eichenbäume, nicht mitgerechnet die Menge an Holz, welche in Form von Holzkohle bei der Ziegel- und Kalkbrennerei benötigt wurde.

⌘ **Prägewalze und Prägestempel** (Abb. 43 unten)
Friedrich Hagelsheimer, gen. Held, Nürnberg 1622, Eisen
Ab Ende des 16. Jahrhunderts benutzte man zur Münzprägung Walzen, in welche das Münzbild negativ eingeschnitten war. Mittels zweier Walzen konnten so aus Metallstreifen Vorder- und Rückseiten der Münzen in einem Arbeitsgang geprägt werden. Für die Herstellung großer Münzen konnten auswechselbare Stempel in die Walzen eingesetzt werden (sog. Taschenprägung).

Der wucherische Münzmeister, 1. Hälfte 17. Jh.
Satirisches Flugblatt gegen Falschmünzer, Kipper und Aufwechsler, die gute Silbermünzen aufkauften und schlechte Kup-

fermünzen ausgaben. Mit dieser Geldentwertung und den neuen Scheidemünzen, die niemand nehmen wollte, stagnierten Handel und Gewerbe; die Folge war Inflation.

Münztafel aus der städtischen Schranne Ende 18. Jh.
Ausschnitt aus einer Tischplatte, auf der die seinerzeit gültigen und ungültigen Münzen aufgenagelt waren.

Münzwaage (Abb. 41)
Johann Peter Aeckersberg, 1770; Holzgehäuse, Waagteile aus Messing
Im 18. Jahrhundert war eine Vielzahl von Münzsorten ausländischer Prägung im Umlauf. Um deren Wert zu bestimmen, benötigten die Kaufleute und Geldwechsler Goldwaagen mit Vergleichsgewichten der gängigsten Münzen. Die Deckelinnenseite des Holzgehäuses verzeichnet die Adresse des Herstellers, um gefälschte Gewichte auszuschließen: „*Waag und Gewicht macht von Ihro Churf. Durchl. zu Pfaltz gnädigst privil. examinirt und geschworener Ichtmacher Joh. Pet. Aeckersberg auf Wichlingshausen in Oberbarmen 1770. Werden in Mayntz und Franckfurt verkauft von Johan Henr. Schlecherndal in Sohlingen*“.

Eichenholzfragment aus dem Weißenburger Wald von 1540
Zum Hausbau wurde Bauholz an die Bürger abgegeben. Dieses Eichenholzstück mit der Jahreszahl 1540 stammt von dem ehemaligen Haus Nr. 3 in der Paradeisgasse. Nach alten Beschreibungen vor dem Abbruch 1976 war dieses ein im Erdgeschoss gemauertes Haus mit Fachwerk im ersten Stock und einem dreigeschossigen Boden darüber. In dem großräumigen Bau befanden sich schön geformte Türstöcke, ein Keller und eine Toilette. In die vier Eckpfosten des Dachansatzes war eingeschnitzt M. 40, M.L., MZ., 1540. Zuletzt war es als Scheune gebraucht worden.

Stadtwaldschenkung 1338 Urkunde, Pergament (Abb. 42)
In der berühmten Waldschenkungsurkunde vom 8. Oktober 1338 Kaiser Ludwigs des Bayern ist erstmals die Bezeichnung Weißenburgs als *unser und dez richs stat* enthalten. Ludwig übergab der Stadt mit dem in der Urkunde genannten Gebiet den größten Teil des Reichsforstes, allerdings mit gewissen

Einschränkungen. So durften die Weißenburger den Wald zwar *an holtz und an weide haben und niezzen*, aber nicht roden. Mit der Waldschenkung schuf Ludwig der Bayer die Basis für den Landbesitz der Stadt Weißenburg, den sie allerdings nie wie die Nürnberger oder Rothenburger zu einem Territorium ausbauen konnte. Trotzdem war der Wald die Grundlage der Weißenburger Wirtschaft, sein Nutzen nicht zu unterschätzen (z. B. Brenn- und Bauholz, Schweinemast). In der Folgezeit kam es immer wieder zu Streitigkeiten um die Waldnutzungsrechte und deren genaue Abgrenzung zwischen dem Kloster Wülzburg und den Weißenburgern. Der 5000 Tagwerk umfassende Weißenburger Forst wurde von Karl IV. 1350 um 300 Tagwerk erweitert. Dieser „Ludwigswald" bildete die Lebensgrundlage der Stadt im „hölzernen Zeitalter".

Gesundheitswesen (15)

Krankheiten und Seuchen konnten sich in der Enge der Stadt schnell ausbreiten. Zum Schutz der Bürger regelte die städtische Obrigkeit das Gesundheitswesen durch Gesetze. Seit dem späten Mittelalter standen Spitäler, Apotheker, Hebammen, Wundärzte und Bader unter der Aufsicht der Stadtärzte. Ausbildung an der Universität und die medizinischen Bestände der Ratsbibliothek waren die Grundlagen für das Wirken dieser Ärzte. Anders als Apotheker, Wundärzte , Bader und Chirurgen standen die *Stadtphysici* im unmittelbaren Dienst der Reichsstadt. Für Weißenburg ist dieses Amt, auf das auch ein Eid zu leisten war, erstmals 1455 belegt. Der Stadtarzt musste für die bestmögliche Versorgung aller Kranken sorgen. Er überwachte die Apotheken, betreute des Siechenhaus und hatte die Aufsicht über das Heilbad.

Spitäler in Weißenburg

Es ist kennzeichnend, dass Spitäler zunächst außerhalb der Stadtmauern angelegt wurden: Man wollte in der Stadt eine Seuchengefahr möglichst vermeiden. Für schwere und ansteckende Krankheiten baute man schon früh (14. Jh.) ein außerhalb der Stadtmauer gelegenes „Siechhaus". Das erste Spital der Stadt stiftete Kaiser Ludwig der Bayer 1331 in den damals verlassenen Gebäuden des vormaligen Augustinerinnenklosters vor den Stadtmauern. Dieses Spital (Klösterlein) wurde dem Kloster Wülzburg unterstellt, doch kam es zu Spannungen zwischen der Stadt und dem Kloster. Mitte des 15. Jahrhunderts wurde deshalb ein eigenes Bürgerspital errichtet. Das „Heilig-Geist-Spital“ vereinte in sich Krankenhaus, Pflege- und Altersheim.

Das Wildbad

Im Jahr 1537 errichtete man in Weißenburg ein weithin bekanntes Heilbad, das Wildbad. In der aus 15 Baderäumen und der Brunnenstube bestehenden Anlage suchten zahlreiche Kranke Heilung ihrer Leiden durch das Weißenburger Wasser, dem man damals besondere Heilkräfte zuschrieb. Für die vielen vornehmen Gäste des Bads, die sich im Gästebuch verewigten, war eine besondere Stube eingerichtet worden. Im 19. Jahrhundert wurde das Wildbad nochmals wieder belebt.

⌘ **Stiftungsbild von 1663 an das Wildbad** (Abb. 44)
Der Nördlinger Kämmerer und Bürgermeister Johann Konrad Gundelfinger und seine Frau verbrachten zwischen 1663 und 1668 vier Kuraufenthalte im Wildbad und fanden Linderung ihrer Leiden. Im Andenken daran schenkte Gundelfinger dem Bad ein Gemälde, auf dem zwischen den Familienwappen Jesus dargestellt ist, der die Samariterin am Jakobsbrunnen trifft. Der dankbare Kurgast hinterließ im Gästebuch des Wildbads einige Zeilen, die seine Verbundenheit ausdrückten:

O Weißenburg! Vergeß ich dein,
so woll Gott, der Gerechte, mein
vergeßen in mein'm Leben;
Bin ich deiner nicht eingedenck,
mein Zung sich oben anehenck
und bleib am Rachen kleben.

Badebetrieb in Weißenburg Anonym, 1671; Öl auf Holz
Die Almosentafel des Weißenburger Wildbads war ursprünglich über einem Opferstock angebracht. Sie fordert zur Mildtätigkeit

gegenüber Bedürftigen und Kranken auf. Die Inschrift „gebauet 1538“ gibt die erste gesicherte Jahreszahl des Wildbads an.

Stiftungsbild des Robert de Gravel von 1668

Der französische Abgesandte am Immerwährenden Reichstag zu Regensburg, Robert de Gravel, kurierte erfolgreich seine Leiden im Weißenburger Wildbad. Voller Dankbarkeit stiftete er daher ein Gemälde, das die biblische Szene aus dem Buch der Richter (Kap. 7, 4–7) „Gideon prüft sein Heer am Jordan“ wiedergibt: Gideon führt sein Heer gegen die Midianiter. Gott befiehlt ihm, seine Krieger, deren zu viele seien, aus dem Jordan trinken zu lassen. Diejenigen, die das Wasser wie Hunde mit der Zunge auflecken, sind die zum Kampf Auserwählten; die übrigen, die das Wasser auf andere Weise trinken, werden zurückgeschickt. Der unbekannte Meister war möglicherweise der Augsburger Maler Johann Heinrich Schönfeld (1609–1684), der lange Zeit in Italien gelebt hatte und dieses Thema häufiger malte.

Gebärstuhl

Bis ins 19. Jahrhundert war die Geburt im Sitzen weit verbreitet. Speziell konstruierte Gebärstühle dienten dazu, der werdenden Mutter die Geburt so einfach wie möglich zu machen. Fachbücher für Hebammen, die seit Anfang des 16. Jahrhunderts im deutschsprachigen Raum Verbreitung finden, beschreiben unter anderem in Wort und Bild Aufbau und Benutzung derartiger Stühle (vgl. Abb. 45).

Schröpfköpfe, Klistiere, Räucherpfännchen

Messing, Zinn, Eisen, 18. Jh.

Zur Ausstattung von Spitälern gehörten auch medizinische Geräte. Klistieren gehörte ebenso wie die Anwendung von Schröpfköpfen zu den traditionellen Therapien der Heilkunde. Das Schröpfen und der Aderlass zählten zum Arbeitsgebiet der Bader und Wundärzte. Räucherpfännchen zum Verdampfen und Räuchern spielten besonders zu Zeiten von Epidemien wie der Pest eine wichtige Rolle. Durch Räucherungen versuchte man, die Luft zu verbessern, die als Trägerin der Krankheit angesehen wurde.

Abb. 44 Stiftungsbild des Nördlinger Bürgermeisters Gundelfinger an das Wildbad (1663)

des Artzenei Spiegels.

Von der entpfengnus vnd geburt des menschen.

Abb. 45 Aus dem Arzneispiegel von Johannes Dryander

Abb. 46 Kräuterbuch von Brunschwig, 1505

Abb. 47 Gästebuch des Weißenburger Wildbads

Gästebuch des Weißenburger Wildbads (Abb. 47)
Weißenburg 1688, Papier
Seit dem Mittelalter verfügte die Reichsstadt Weißenburg mit dem Wildbad über eine weithin bekannte Heilquelle. Auch wenn die Heilkraft später versiegte bzw. moderne chemische Untersuchungen das Fehlen größerer Mengen an Mineralien nachwiesen, so sollen doch beachtliche Heilerfolge eingetreten sein. Für angesehene Persönlichkeiten wurde ein Gästebuch angelegt. Das Buch umfasst Einträge von 1663 bis 1831. Es ist mit kolorierten Bildern, Federzeichnungen, Siegeln und Familienwappen verziert. Die Eintragungen in deutscher, lateinischer, französischer und italienischer Sprache, die den Dank für die Genesung ausdrücken, sind meist in Gedichtform abgefasst. Aufgeschlagen ist die Seite mit der Widmung vom 26. Juli 1719 von Christian Leberecht Graf von Wolfstein und Augusta Friderica, geb. Gräfin von Hohenlohe und Gleichen.

Zwei Zahnschlüssel „Zahnbrecher" Ende 18. Jh.
Mit solchen „Zahnbrechern" (Abb. 48) mit teilweise verschiedenen Einsätzen wurde der Zahn festgeklemmt und mit einer Drehbewegung ausgebrochen bzw. gezogen.

Kräuterbuch, 1505 (Abb. 46)
Das 1505 in Strassburg erschienene Kräuterbuch von Brunschwig erklärt – ergänzt durch bildliche Darstellungen der Heilpflanzen – Aussehen und Wirkung der damals bekannten Kräuter. Dass die Mystik noch eine große Rolle spielte, zeigt auch die aufgeschlagene Seite mit der sagenumwobenen Alraunwurzel – hier in männlicher und weiblicher Gestalt dargestellt. Neben den Heilpflanzen sind in diesem Werk noch ein Lehrbild eines männlichen Skeletts sowie die Darstellung der Rezeptbereitung in einer mittelalterlichen Apotheke enthalten.

Rechtsfindung (16, 17)

Prozessgang

Das Rechtsbuch der Stadt Weißenburg befasst sich in 40 seiner 50 Paragraphen mit strafrechtlichen Bestimmungen. In der Satzung finden sich zahlreiche Fälle, die eine Einigung auf einen Sühnevertrag zwischen Kläger und Beklagten vorschreiben. Die Todesstrafe blieb auf wenige Ausnahmen beschränkt.

Abb. 49 Schwere Kerkertür mit Schloss und Riegel im Reichsstadtmuseum (17)

Im Mittelalter kannte man eine besondere Form des Unschuldsbeweises, das sogenannte „Freischwören". Konnte ein Beklagter eine Anzahl von Zeugen anführen, die seine Unschuld beschworen, so musste er freigesprochen werden.

Die Klageerhebung erfolgte beim Bürgermeister, der dann den Kläger und den Beklagten zum nächsten Gerichtstermin vorlud. Die Klage musste schriftlich eingereicht werden. Nach einer ausreichenden Frist für den Beklagten kam es zur Antwortrede und Gegenrede (Verteidigung), je nach Fall folgten Beweis, Augenschein und Zeugen. Der Stadtrichter leitete die Verhandlung, doch lag die Urteilsfindung bei den Gerichtsschöffen (Beisitzer), deren Urteil vom Stadtrichter verkündet wurde. Noch bei der Gerichtsverhandlung oder aber spätestens innerhalb von zehn Tagen war die Appellation möglich, d. h. die Berufung an das Reichskammergericht.

Abb. 50 *Strafvollzug nach dem Layenspiegel: links oben Gerichtstag, links unten Folter, rechts Hinrichtungsarten*

Hexenprozess

Eine besondere Form des Strafprozesses war der durch Inquisitionsverfahren eröffnete Hexenprozess. Das Verfahren konnte ohne Ankläger allein aufgrund anonymer Denunziation oder von Amts wegen eingeleitet werden. Der Richter war so zum Kläger geworden. Im Prozess waren nur Zeugenbeweise zugelassen, die Verurteilung war aber einzig vom Schuldgeständnis der bzw. des Beklagten abhängig. Um ein Geständnis zu erlangen, wurden die Angeklagten der „peinlichen Befragung", d. h. der Folter, unterzogen. Exekutivorgan war hier stets die weltliche Gerichtsmacht. Anders als in vielen Gegenden des Reiches ist für die Reichsstadt Weißenburg nur eine einzige Hexenhinrichtung aus dem Jahr 1590 dokumentiert.

Der Scharfrichter

Scharfrichter (Henker, Schinder, Züchtiger, Meister Hans) treten seit dem 13. Jahrhundert in Erscheinung. Ihr Aufgabenbereich umfasste den Vollzug von Todes- und Verstümmelungsstrafen sowie Folterungen. Für diese Tätigkeit waren neben körperlicher Kraft auch Geschicklichkeit gefragt. Versagte ein Scharfrichter bei der Ausübung seines Amtes, so wurde er bestraft, unter Umständen sogar von der aufgebrachten Menge getötet.
Die Stellung des Henkers in der Stadt war zwiespältig. Einerseits war er ehrlos und wurde gemieden, andererseits schrieb man ihm magische Kräfte zu. Er durfte nicht in der Stadt wohnen, nicht die Badestuben benutzen und nicht die Messe besuchen. Auch seine Familie galt als ehrlos. Aufgrund seiner Tätigkeit hatte er gute medizinische Kenntnisse, und man schrieb ihm die Fähigkeit zu, magische Heilmittel herstellen zu können. Viele Scharfrichter hatten noch Nebenbeschäftigungen als Abdecker, Hundefänger und Bordellwirte.

Körperstrafen

Das Rädern galt als unehrenwerteste Strafe. Dem Delinquenten wurden die Gliedmaßen mit einem Rad gebrochen. Im An schluss wurde er auf das Rad gebunden (geflochten) und zur Abschreckung aufgestellt. Diese grausame Todesart wurde bei Mördern bis ins 18. Jahrhundert angewandt, bis sie von der Enthauptung abgelöst wurde.

Die Exekution durch **Enthauptung** wurde vom Henker in der Regel mit dem Schwert durchgeführt. Der Verurteilte kniete vor dem Scharfrichter, der mit einem Schlag die Strafe vollziehen musste. Diese in aller Regel schnelle Todesart wurde als Strafe bei Totschlag, Kindsmord, Straßenraub, schwerer Notzucht, widernatürlicher Unzucht, Blutschande, Bigamie, Ehebruch, Gotteslästerung und Majestätsverbrechen angewandt. Sie galt als ehrenvoll und löste im 17. und 18. Jahrhundert häufig andere Arten der Todesstrafe ab.

Das Verbrennen wurde häufig bei als besonders scheußlich angesehenen Taten angewandt. Durch Verbrennen sollte der Täter völlig vernichtet werden, die Asche streute man oft in fließende Gewässer. Durch das Ansteigen der Hexenprozesse im 16. Jahrhundert wurde diese Strafe zur häufigsten in Europa. Verbrannt wurden vor allem grausame Mörder, Ketzer, Hexer und Hexen.

Verstümmelungen dienten der Kennzeichnung des Verbrechers auf Lebenszeit. Dabei wurde der Bestrafte z. B. durch Ohren-, Zungen-, Fingerabschneiden, Handabschlagen und Blenden verstümmelt. Die Strafbestände waren sehr vielfältig. Seit dem 16. Jahrhundert trat das Verstümmeln häufig an die Stelle der Todesstrafe.

Das **Hängen** wurde im Mittelalter nur selten als Strafe verhängt, entwickelte sich aber im Lauf der frühen Neuzeit zur üblichen Hinrichtungsart. In den meisten Fällen löste das Hängen die Enthauptung oder andere Arten der Todesstrafe ab.

⌘ **Prozess und Urteil** (Abb. 50)
Ulrich Tengler: Neuer Layenspiegel, Strassburg 1538; Reproduktion
Das Bild zeigt simultan den Strafprozessverlauf von der Vorführung des Delinquenten über die Gerichtsverhandlung bis hin zu verschiedenen Hinrichtungsarten.

Narrenhäuschen und Schandesel

Abb. 51 zeigt in starker Vergrößerung die „Schandecke“ auf dem Weißenburger Marktplatz um 1720 (vgl. Abb. 13). Die zu einer Ehrenstrafe Verurteilten waren öffentlichen Schmähungen preisgegeben. Sie mussten auf dem Schandesel durch die Stadt „reiten“ oder einen Tag im Narrenhäuschen auf dem Marktplatz stehen, wo sie von den Mitbürgern wegen ihrer Untaten beschimpft, bespuckt und mit üblen Gegenständen beworfen wurden.

Richtschwert Eisen 1677

Das Richtschwert wird als „Hochstätter Richtschwert“ bezeichnet. Das Gericht Oberhochstatt mit der Festung Wülzburg war markgräflich-brandenburgisch und unterstand der Blutgerichtsbarkeit des Markgrafen. Die Darstellungen sind durch den (häufigen) Gebrauch stark abgeschliffen und tragen die Inschrift: *Wann ich das Schwert tuh aufheben wünsch ich dem Sünder das ewige Leben.* Auf der Rückseite findet sich der Hersteller des Schwertes: *Me fecet Sollinng gem. 1677* (Bin in Solingen gemacht 1677), Monogramm: BH.

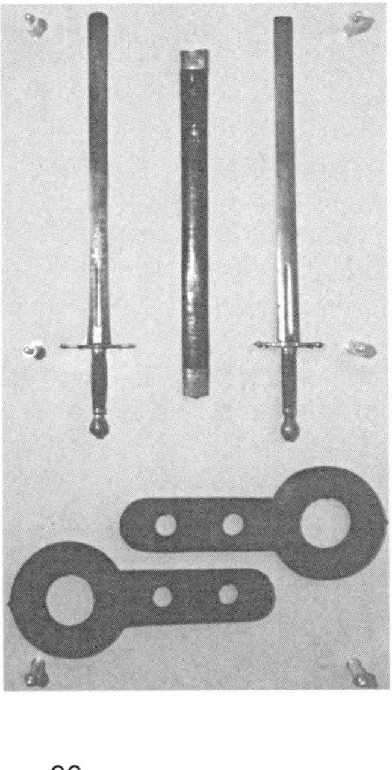

Richtschwert

Eisen 1677 mit Scheide Sign. Mohrenkopf Solingen

Die Stadt Weißenburg besaß seit 1431 die Blutgerichtsbarkeit. Für die Durchführung von Hinrichtungen holte man sich Scharfrichter aus Nachbarorten, z. B. Ellingen und Oettingen. Die Scharfrichter brachten häufig ihr eigenes Richtschwert mit. Das hier gezeigte

Abb. 52 Beide Richtschwerter und zwei Halsgeigen

Richtschwert stammt von einem Ellinger Scharfrichter und trägt auf der einen Seite Justitia mit dem Spruch:

DIE HERREN STEÜREN DEM UNHEIL
ICH EXEQUIRE IHR URTHEIL, 1677

Die andere Seite zeigt Mars mit dem Spruch:

WAN ICH DAS SCHWERT AUF THUT HEBEN
WÜNSCHT MAN DEM SÜNDER DAS EWIGE LEBEN

Halsgeige mit Kastenschloss 18. Jh.
Die Halsgeige war ein vor allem für Frauen bestimmtes Strafinstrument der Niedergerichtsbarkeit. Kopf und Hände der Delinquentin wurden darin eingeschlossen. Dieser nicht entehrende Vollzug geschah öffentlich.

Abb. 43 Fußfesseln

Kanzlei (18)

Seit dem 14. Jahrhundert gab es in den Reichsstädten ein organisiertes Kanzleiwesen mit einem eigenen Stadtschreiber. Wurde diese Tätigkeit zunächst meist von Geistlichen ausgeübt, so traten an deren Stelle ab dem frühen 17. Jahrhundert juristisch gebildete Schreiber, die in einem festen Dienstverhältnis zur Stadt standen. Der Stadtschreiber (Abb. 54) war für die

Ausfertigung von Urkunden, Briefen sowie Quittungen zuständig und legte Amtsbücher an, in denen z. B. Stadtrechte, Amtseide, Achturteile, Chroniken, Neubürgeraufnahmen und andere Verwaltungsangelegenheiten festgehalten wurden. Um Kopien der wichtigen Urkunden, die bedeutsame Rechtstitel enthielten, zu besitzen, wurden Kopialbücher angefertigt, die in chronologischer Reihe eine exakte Abschrift der Dokumente enthielten. Die Originalurkunden wurden in eigenen, möglichst diebstahlgesicherten und feuergeschützten Archiven in Kästen und Schränken verwahrt.

Abb. 54 Schreiber

Bereits während der zweijährigen Zugehörigkeit zu Preußen (1804–06) beabsichtigte man, die städtische Verwaltung und Registratur neu zu organisieren und auf preußische Normen umzustellen. Angesichts der kurzen preußischen Phase war diesen Maßnahmen allerdings keine Dauer beschieden. Die endgültige Eingliederung der ehemaligen Reichsstadt in das Königreich Bayern schuf dagegen andere Voraussetzungen. Weißenburg ist die einzige fränkische Reichsstadt, die zum damaligen Zeitpunkt Archivalien an das Reichsarchiv München abgab. Der Grund liegt darin, dass die Stadt im Gemeindeedikt des Jahres 1808 zunächst dem Altmühlkreis, seit 1809 dem zweiten Oberdonaukreis mit Sitz in Eichstätt zugeordnet und deshalb zusammen mit Eichstätt in den altbayerisch-schwäbischen Archivbereich einbezogen wurde. Aus den reichsstädtischen Beständen wurden über 650 Urkunden aussortiert und im Jahr 1814 in einer großen Kiste nach München gesandt. Mittlerweile befinden sich diese Urkunden im Staatsarchiv Nürnberg. Einige herausgehobene Urkunden wurden bei der Aussonderung 1814 nicht nach München verschickt, sondern in Weißenburg zurückbehalten. Die Urkunden zur Waldschenkung aus dem Jahr 1338 und 1350, die Goldene Bulle von 1355, das Ummauerungsprivileg von 1376 und der Wappenbrief von 1481 sind hierin die wertvollsten Stücke. Da diese Urkunden als Rechtstitel immer noch Gültigkeit hatten, konnten sie zum Beweis jahrhundertealter Rechtspositionen der ehemaligen Reichsstadt im Königreich Bayern herangezogen werden. Ein Beispiel hierfür ist das erfolgreiche Bestreben der Stadt im Jahr 1835, die alte Form des Stadtwappens wieder führen zu dürfen, nachdem 1813 der Reichsadler durch den Großbuchstaben „W“ in Silber auf blauem Grund und der schildtragende Engel durch eine fünftürmige Mauerkrone ersetzt worden waren. Durch diese Umwandlungen fühlte man sich in Weißenburg zurückgesetzt und wehrte sich gegen die neue Wappenform. Man sandte den Original-Wappenbrief Friedrichs III. von 1481 nach München, wonach König Ludwig I. die Änderungen rückgängig machte und der Stadt die Wappendarstellung mit dem Reichsadler und dem Engel als Schildhalter erlaubte.

Abb. 55 Nachgestellte Kanzleistube im Reichsstadtmuseum

⌘ **Archiv- oder Kanzleischrank** 18. Jh. (Abb. 55)
Der kleine Schrank ist rekonstruiert. Im Oberteil werden Aktenbände gezeigt, die unteren originalen Schubladen enthalten Urkunden und Briefe.

Eisenbeschlagene Truhe mit Reichsadler 17. Jh.
Der Reichsadler auf der Vorderseite deutet auf eine Verwendung im öffentlichen bzw. städtischen Gebrauch hin. Darin wurden Geld wie auch wichtige Urkunden und Schreiben aufbewahrt. Ein Hinweis dürfte die Bemalung des Deckels sein, der den komplizierten Schlossmechanismus verdeckt. Der Pferdeführer deutet auf Viehzucht hin – einen der Haupterwerbszweige der Stadt.

2. OG Mauer und Wehr (19)

Eine erste feste Ummauerung der Stadt erfolgte im 12./13. Jahrhundert. Mit Erlaubnis Kaiser Karls IV. integrierte man 1376 die südliche Vorstadt in die Ummauerung. Im 15. Jahrhundert erhielt der Mauerring noch einige zusätzliche Türme. Die Mauertürme sind quadratisch und mit einem spitzen Zeltdach versehen. Eine Ausnahme bildeten nur die beiden runden Gefängnistürme, der „Scheibler“ und der „Schrecker“. Der Stadtgraben wurde in Friedenszeiten für Obstgärten und Fischweiher genutzt. Der militärische Wert der Stadtmauer ging durch das Aufkommen von Geschützen zurück. Im Dreißigjährigen Krieg wurde Weißenburg mehrfach belagert und erheblich zerstört. Auch wenn der eigentliche Nutzen kaum mehr gegeben war, gehörte die Stadtmauer weiterhin zum Status einer Reichsstadt und zum bürgerlichen Selbstbewusstsein.

Bürgerwehr

Als Reichsstadt besaß Weißenburg die Wehrhoheit in ihrem Gebiet und war für die Stadtverteidigung selbst verantwortlich. Die Stadtbefestigung spiegelt den Wehrwillen und die Verteidigungsbereitschaft der Bürger wider. Daher findet sich im Bürgereid schon früh die ausdrückliche Verpflichtung zum Waffendienst. Schutz des öffentlichen und privaten Besitzes war eine

Gemeinschaftsaufgabe aller, von der allein die Geistlichkeit ausgenommen war. Die bürgerliche Wehrpflicht umfasste die Beteiligung am Bau und Unterhalt der Stadtmauer, die Bereitstellung und Pflege persönlicher Bewaffnung, die Übernahme von Wachtdiensten sowie die Abordnung zu auswärtigen Kriegszügen. Seit dem 14. Jahrhundert hatte man einige Aufgaben an fest besoldete Söldner übertragen.
Die periodische Musterung und die Organisation der waffenfähigen Bürger erfolgte gegliedert in 26 Viertel, die unter der Leitung von je einem Hauptmann standen. Die Waffenübungen (Armbrust, später Feuerwaffen) erfolgten in den städtischen Schützengesellschaften. Fehlende Disziplin, Mängel in der militärischen Ordnung und Ausbildung verhinderten aber die Formierung einer schlagkräftigen Bürgerwehr.

Der Dreißigjährige Krieg

Der aus den konfessionellen Gegensätzen in Deutschland hervorgegangene Dreißigjährige Krieg (1618–1648) brachte für manche Reichsgebiete verheerende Zerstörungen und zahlreiche Verluste an Menschenleben. Während der drei Phasen des Krieges griffen auch ausländische Mächte in die Auseinander-

Abb. 56 Beschießung von Weißenburg 1647, Ölgemälde

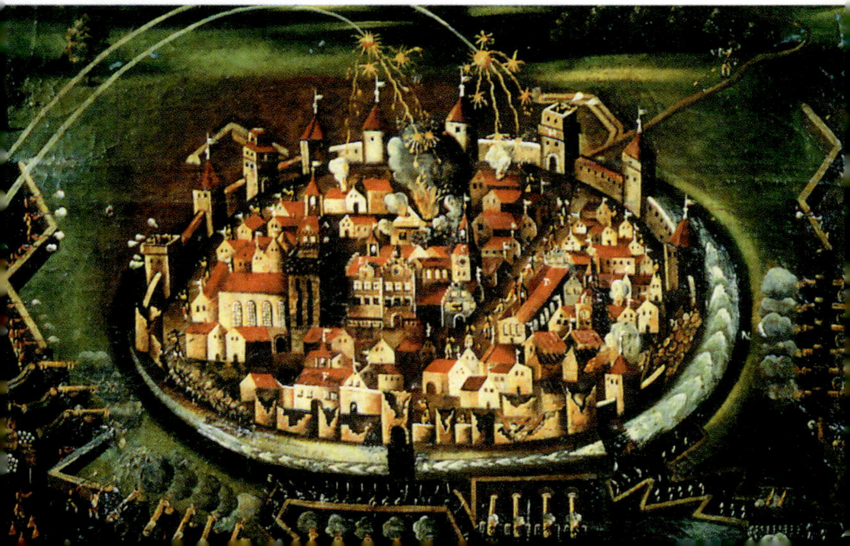

setzungen ein, so Schweden unter dem König Gustav Adolf und Frankreich. Die vor den Toren Weißenburgs gelegene Artilleriefestung Wülzburg war seit Weihnachten 1631 in der Hand der kaiserlichen Truppen unter Tilly. Schwedische Soldaten Gustav Adolfs besetzten die Stadt im März 1632, nur wenige Wochen vor dem Sieg der Schweden über Tilly bei Rain am Lech. Während die schwedischen Truppen München plünderten, gelang es den Kaiserlichen, Weißenburg im Juli zu erobern. Bis zum Kriegsende 1648 fiel Weißenburg noch zweimal in die Hände der Schweden, zuletzt im November 1646. Truppen des Kaisers belagerten die Stadt, und im Januar 1647 mussten die schwedischen Besatzer aufgeben. Dieser letzte Kampf um die Reichsstadt führte zu schweren Schäden an der Stadtbefestigung, die erst nach 1662 repariert werden konnten, fehlten doch zuvor die nötigen Mittel hierzu.

Städtische Schützen

Aus der Bürgerpflicht zur Verteidigung der Stadt und ihrer Mauern sowie der ständigen Übung an den Waffen entstand das Schützenwesen. Die gemeinsamen Schießübungen und ein gewisser Wettstreit entwickelten sich zu Schützenfesten. Mit der schweren Schützenarmbrust wurde im 15. Jahrhundert der Schützenkönig ermittelt, ab dem 15./16. Jahrhundert wurde auch mit Feuerwaffen geschossen. Die erste Schützenordnung ist zum Jahr 1525 belegt. Die Übungsstätte der Weißenburger Schützen lag im heute noch sogenannten „Schützengraben“ neben dem ehemaligen Frauentor. Dort standen Schießhäuschen, von denen aus die Schützen auf Zielscheiben schossen.

⌘ **Die Beschießung von Weißenburg 1647**

A: Kupferstich; Original, B: Öl auf Leinwand (Abb. 56)

Markgraf Georg Friedrich d. Ä. (1556–1603) ließ die seit 1542 verwaisten Klostergebäude auf der Wülzburg abreißen und an ihrer Stelle ab 1588 eine moderne Artilleriefestung errichten. Trotz heftigen Protestes der Nachbarn Weißenburg, Ellingen und Eichstätt wurde die Landesfestung nach über 20 Jahren Bauzeit um 1610 fertig gestellt und war bis ins späte 18. Jahrhundert gefürchtete Ansbacher Bastille. Sie stellt eine der größ-

ten und in Süddeutschland wohl imposantesten Befestigungsanlagen der Renaissance dar und ist seit 1969 nationales Baudenkmal.
Das Flugblatt schildert die Leiden der Stadt im Dreißigjährigen Krieg, als sie im Jahr 1647 von kaiserlichen Truppen – wieder einmal – belagert und schwer zerstört wurde. Ausführlich wird geschildert, dass dabei *„50 Häuser gantz zerschossen, 50 zum Brennholtz demolirt und eingerissen worden"*. Am schlimmsten war aber der Aderlass an Menschen, denn die langen Kriegsjahre dezimierten die Einwohner so stark, dass erst 40 Jahre nach Kriegsende (Volkszählung im Jahr 1688) mit 2343 Einwohnern wieder der Bevölkerungsstand der Zeit um 1500 erreicht war. Der zur Illustrierung beigefügte Stich gibt nur sehr stilisiert eine Ansicht der Stadt von Süden.
Das Ölbild wurde von dem brandenburgischen Bauoffizienten Johann Sebastian Schertzer 1674 nach dem nebenstehenden Stich gemalt. Er verehrte es dem Weißenburger Magistrat für sechs Taler.

Grundriss der Befestigung 1647
Kupferstich, Hans Wilhelm Reuter von Blofeld
Der Plan zeigt die Befestigungsanlage der Stadt mit der doppelten Stadtmauer (Zwinger) und die einfache Mauer im Süden. Auch die kaiserlichen Stellungen im Süden und im Südwesten (oben) sowie im Osten der Altstadt (links) sind eingezeichnet.

Dänisches Werbeschild um 1770
Zu allen Zeiten war die Anwerbung und Aushebung von Soldaten für die Landesherren von großer Wichtigkeit. Besonders in Reichsstädten konnten junge Männer – die aber keine Bürger der Stadt sein durften – für die verschiedenen Landesfürsten angeworben werden. Die Werbeoffiziere setzten alle Mittel ein, um Rekruten, auch mit List, Betrug und Gewalt, anzuwerben.

Büchse auf Holzstangenlager
Aus dem Weißenburger Arsenal, um 1460
Eisernes Rohr auf dem Rest eines Holzstangenlagers, an dem der unten abgebrochene Rest eines Hakens eingelassen ist. Diese Büchsen wurden zur Verteidigung der Mauern eingesetzt. Mit dem Haken wurde der Rückstoß an der Mauer außen

abgefangen. Der Schaft wurde dendrochronologisch um 1460 datiert.

Brief des Schwedenkönigs Gustav Adolf (20. Juli 1632)
Papier
Der Brief ist ein ungewöhnliches historisches Zeugnis. Er war für die damalige Zeit auffällig knapp formuliert und wurde sehr klein zusammengefaltet, da er – so die Überlieferung – in einem Stiefelabsatz versteckt durch die feindlichen Linien geschmuggelt wurde. Gustav Adolf fordert seinen Kommandanten in Weißenburg, Major Streitberg, auf, die Stadt weiterhin gegen die kaiserlichen Belagerer zu verteidigen und sagt militärische Hilfe zu. Der schwedische Entsatz kam jedoch nie an, und so wurde die Stadt erobert und geplündert.

Wall- und Bockbüchsenrohre
aus dem reichsstädtischen Arsenal, 16./17. Jh.
Doppelhaken, Bockbüchsen und Serpendinel waren leichte Geschütze mit sehr langen Rohren, die zum Scharfschießen auf feindliche Soldaten benutzt wurden. Im 17. Jahrhundert kamen sie allmählich außer Gebrauch, wurden aber in den städtischen Zeughäusern noch lange aufbewahrt.

1. Bockbüchsenrohr mit Wappen des Bamberger Bischofs Georg Zobel von Giebelstatt (1577–1580)
2. Bockbüchsenrohr Marke N (Nürnberg), 17. Jh.
3. Doppelhakenbüchse mit später angeschmiedeten Schildzapfen. Schaft mit einfachem Luntenschloss, Anfang 17. Jh.
4. Doppelhakenbüchse mit Schildzapfen und in Eisenschnitt dargestellte weibliche unbekleidete Figur mit Schleier. Mit Seckendorff'schem Wappen von dem Nürnberger Büchsenmacher Hans Strauß, 2. Hälfte 16. Jh.
5. Doppelhakenbüchse mit Schildzapfen und in Eisenschnitt dargestellt ein bärtiger Landsknecht mit kurzen Pluderhosen. Mit Seckendorff'schem Wappen ebenfalls von Hans Strauß, 2. Hälfte 16. Jh.
6. Doppelhakenbüchse mit später angesetzten Schildzapfen, datiert 1610
7. Bockbüchsenrohr mit Schildzapfen, Anfang 17. Jh.

Abb. 57 Blick in die Abteilung „Kirche“ im Reichsstadtmuseum

Abb. 58 Reliquiendose mit Pergamenten aus der Michaelskapelle der St.-Andreas-Kirche

Kirche (20)

Die Kirche spielte im Leben der Menschen im Mittelalter eine wichtige Rolle. Ihre Aufgaben waren weit umfassender als heute. Neben der Pflege von Kultus, Seelsorge und den Gottesdiensten kümmerte sie sich auch um das Bildungswesen (Schulen), Krankenpflege und Betreuung der Armen.
Die erste um 650 nachweisbare Kirche Weißenburgs befand sich im Zentrum der bäuerlichen Siedlung im Bereich der heutigen Schranne. Vermutlich aus der Kapelle des Königshofs entwickelte sich die Hauptkirche der Stadt, die St.-Andreas-Kirche, deren Bau aus dem 14./15. Jahrhundert stammt (mit modernen Erweiterungen und Umbauten). In der zweiten Hälfte des 15. Jahrhunderts wurde auf dem zugefüllten alten Stadtgraben die Spitalkirche gebaut.
Neben den Kirchenbauten gab es auch einige Ordensniederlassungen in der Reichsstadt. 1238 gründeten die Augustinerinnen vor den Mauern ein Kloster, das bereits 1276 aufgegeben wurde und später als Spital diente. Ludwig der Bayer gründete 1325 ein Karmeliterkloster im Zentrum der Stadt, dessen um 1350 entstandene Kirche noch heute das Stadtbild prägt.

Reformation

Einen wichtigen Einschnitt in der Geschichte der Stadt bildete die Reformation. Als auf dem Reichstag zu Augsburg 1530 die evangelischen Reichsstände Kaiser Karl V. ihre Bekenntnisschrift *(Confessio Augustana)* überreichten, schloss sich Weißenburg diesen an (vgl. oben, Stadtgeschichte, S. 19).

⌘ **Ehemaliges Chorgestühl** Eichenholz, 1. Hälfte 15. Jh. (Abb. 57)
Das Chorgestühl stammt aus der Karmeliterkirche, die 1979–83 in aufwendiger Weise zum Kulturzentrum der Stadt Weißenburg umgebaut wurde.

Gewölbeschlußstein aus der Spitalkirche Ende 15. Jh.
Der Schlußstein stammt aus der Spitalkirche und war als Bauspolie im alten Rosenbad im Treppenhaus eingemauert. Er zeigt einen Engel, der ein Spruchband mit der Inschrift Mathe(us) hält.

Abendmahlskanne Johann Zacharias Roth, Weißenburg 1724
Nach Einführung der Reformation und des erneuerten Messritus wurde das Abendmahl in beiderlei Gestalt (Brot und Wein) gereicht. Die dazu benötigten Weinkannen waren oftmals Stiftungen aus privatem Besitz anlässlich von Familienfesten. Die Stifterin dieser Kanne war die Hausfrau Maria Barbara Haberkern. Der Deckel zeigt die weihnachtliche Geburtsszene.

Kanzelsanduhr 17. Jh.
Bei der Predigt war die Sanduhr ein wichtiges Utensil. So wird schon in einer Kirchen- und Schulordnung von 1565 erwähnt: *„die Morgen- wie auch alle Predigten sollen durchaus nicht über eine Stunde dauern, deshalb soll auf jeder Kanzel eine richtige Sanduhr angeschafft werden."*

Torso einer Marienfigur mit Jesusknaben Ende 14. Jh.
Die Marienfigur wurde bei Umbauarbeiten in der Karmeliterkirche 1981 gefunden. Sie stammt vermutlich vom Lettner und blieb nach dessen Abbruch im Bauschutt liegen. Die Figur besitzt noch ihre ursprüngliche Bemalung.

Reliquiendose aus der Andreaskirche (Abb. 58)
Zinndose und Pergamente
Am 15. Juli 1712 fand sich unter einem Stein in der Michaelskapelle der Andreaskirche eine kleine Reliquiendose aus Zinnblech. In ihr waren neben dem Rest eines Leinensäckchens und einigen Knochensplittern, die durch kleine Pergamentstreifen bezeichnet sind, noch drei Weiheurkunden der Andreaskirche enthalten.
Die erste Urkunde bezeugt die Weihe des Altars und der Michaelskapelle am 4. August 1425, gleichzeitig nennt sie die Stiftung einiger Reliquien, von denen sich Reste in der Dose erhalten haben. Vom gleichen Tag datiert auch die zweite Urkunde. Sie bestätigt die Weihe des Altars und der Kirche zu St. Andreas – dem Erweiterungsbau mit dem gotischen Hallenchor. Auch hierbei werden Reliquien genannt. Die dritte Urkunde vom 29. September 1478 erwähnt die Weihe einer Allerheiligenkapelle samt Altar.

Weißenburger Kirchenordnung 1528 Papier
Etwa ab 1524 wurde in Weißenburg evangelisch gepredigt und nur wenige Jahre danach (1528) erließ der Weißenburger Rat eine eigene Gottesdienstordnung. Sie galt allerdings nur kurze Zeit und wurde durch die Übernahme der Nürnberger Kirchenordnung ersetzt.
Auch an der sogenannten „Speyerer Protestation“ beteiligte sich die Stadt Weißenburg im Jahr 1529. Damals war das Schicksal der Reichspflege ungewiss, weshalb man trotz des Kostenaufwandes mit einem eigenen Gesandten auf dem Reichstag in Speyer vertreten war. Der Grund für die persönliche Weißenburger Beteiligung liegt also weniger in der religiösen Haltung der Stadt als in der Sorge um das Richteramt und die Reichspflege, welche von verschiedenen Seiten vereinnahmt werden sollten. So schrieb am 6. April 1529 die Reichsstadt Nürnberg ihren Gesandten auf dem Reichstag zu Speyer neben anderen Dingen, dass Weißenburg nun wegen seines Richteramtes, *des sich etlich zu erlangen untersteen sollen*, selbst mit einem Gesandten vertreten sei. Man weist die Gesandten an, den Weißenburger zu unterstützen und bittet um Erkundigung (gemeinsam mit den Augsburgern), wegen der zwei Reichspflegen von Donauwörth und Weißenburg.

Handwerk und Zünfte (21)

Mit Gründung der Städte entwickelte sich das Handwerk vom Hausgewerbe auf dem Land zum organisiert auftretenden Handwerk in der Stadt. Die Stadtherren bemühten sich, ihren Städten wirtschaftliche Sicherheit zu geben, indem sie ihnen das Marktrecht verliehen. Festgelegte Wochen- oder Tagesmärkte oder aber der Marktbann (Bannmeilenrecht) schufen die rechtliche Sicherheit für Handel und Gewerbe.
Natürlich spielten die Handwerke und Zünfte im wirtschaftlichen Bereich der Städte eine große Rolle. Ein Gewerbe konnte nur dann selbständig ausgeübt werden, wenn der Meister bzw. Handwerker einer Korporation angehörte. Dabei waren die Rahmenbedingungen für die Ausübung eines Gewerbes in den Handwerksordnungen detailliert festgeschrieben. Geregelt wur-

▾ Abb. 59 In der Töpferei

▴ Abb. 60 Zunfttruhe der Weißenburger Kürschner

◂ Abb. 61 Willkomm-Pokal der Weißenburger Tuchmachergesellen, 1758

▾ Abb. 62 Zunftsiegel der Tuchmacher zu Weißenburg

den z. B. die Verarbeitung bestimmter Materialien oder die Ausführung bestimmter Arbeiten in wiederum einzeln bestimmten Handwerken. Dies bedeutete für den Handwerker nicht nur eine gewisse Einschränkung in seiner Arbeit, sondern auch Schutz vor Konkurrenz. So ist zum Beispiel aus Weißenburg die Beschwerde eines Tuchmachers bekannt, der sich gegen die Arbeiten eines Zeugmachers verwahrte, die rechtmäßig ihm zugestanden hätten. Man muss dazu wissen, dass Tuchmacher auf die Verarbeitung von Wolle, Zeugmacher dagegen auf Baumwolle spezialisiert waren.
Seit 1372 waren die Gewerbe in Weißenburg in Zünften organisiert, die auch politisch agierten und sich eigene Gewerbesatzungen gaben. Jedoch mussten die Satzungen vom Rat genehmigt werden. Durch die Handwerksordnungen war ein garantiertes Absatzmonopol und eine wirtschaftliche Sicherstellung des städtischen Handwerks von außen gewährleistet. Im Lauf der Jahrhunderte entwickelten sich in den Zünften Missbräuche (immer längere Lehrzeiten, unsinnige, überzogene Handwerksordnungen, immer größere Einschränkungen etc.), so dass sich das System insbesondere im 17./18. Jahrhundert als nicht mehr innovationsfähig erwies.
Das Leben der Handwerker war von Vorschriften, Zunftbräuchen und Handwerksgewohnheiten geprägt. Schon der Eintritt in das Handwerk war mit dem Nachweis ehrbarer Herkunft verbunden. Die Lehrzeit, die Freisprechung und die Vorschriften über die Gesellenwanderschaft mit ihren Regeln und Bräuchen, die Mutzeit und Meisterwerdung waren ein jahrelanges Einordnen unter die Zunftgewohnheiten. Für viele Gelegenheiten waren Gegenstände mit den Zunftsymbolen versehen: Trinkgefäße, Herbergsschilder für die wandernden Gesellen, Zunftfahnen, Pokale oder auch die Willkommgefäße mit den Namen der Stifter.

Hafner – Töpfer

Die von den Römern entwickelte Hand- oder Fußtöpferscheibe war die bis ins 18. Jahrhundert gebräuchliche Ausstattung der Töpferwerkstatt (Abb. 59). Erst danach setzte sich neben den bewährten Drehscheiben die sogenannte Spindelscheibe durch (eine Kombination aus aufgehängter Fuß- und Handtöpferscheibe). Ein archäologisch nachgewiesenes Töpferzentrum in der Stadt lag auf der nördlichen Seite der heutigen Luitpoldstraße. Die dort ausgegrabenen Töpferöfen stammen aus der Zeit um 1320. In der ältesten Steuerliste von 1360 werden namentlich vier Hafner genannt. Aus dem 16. Jahrhundert – einer Blütezeit des Weißenburger Hafnerhandwerks – sind bis zu neun Töpfer bekannt. Umfangreiche Keramikfunde in der Innenstadt belegen, dass neben einfacher Ware für den Haushalt auch qualitativ wertvolle farbig glasierte Töpferwaren und Kacheln gebraucht wurden.

⌘ **Zunfttruhe der Weißenburger Kürschner** HG 1604 (Abb. 60)
Die Zunfttruhe oder Handwerkslade – eine mehr oder weniger kunstvoll gearbeitete Truhe oder Kasten – war der Mittelpunkt von Zunftbrauchtum und Handwerksrecht. Jede Zunft besaß ihre eigene Lade. In ihr waren die Handwerkssiegel, die Zunftordnung, Lehrbriefe und Zeugnisse sowie die Zunftkasse aufbewahrt. Die Lade befand sich immer im Haus des Zunftmeisters und wurde für feierliche Anlässe aus dessen Haus geholt. Zu Beginn einer Zunftversammlung wurde sie geöffnet. Vor der geöffneten Lade fanden die Aufnahmen und die Lossprechungen der Mitglieder statt. Jedes Schließen bedeutete eine Unterbrechung der rechtskräftig werdenden Handlung. Die Gesellen besaßen meist auch eine eigene Lade für ihre Ordnung.
Die Zunfttruhe der Kürschner ist mit einem Kunstschloss gesichert. An der Innenseite des Deckels befindet sich das Wappen der Weißenburger Kürschnerzunft.

Zunfttruhe der Tuchmacher 1665
Im Bogen der Vorderseite befinden sich die Zunftzeichen der Tuchmacher, die Distelkarde und gekreuzte Wollbögen. Umlaufend am Fries stehen die Namen der Zunftmeister: Michael Schumann, Adam Lindtner, Georg Ohme, Anno 1665 den 8. September.

Zunfttruhe der Rotgerber 1675
Die Zunfttruhe besitzt zwei Kunstschlösser, eine reiche Fassadengliederung mit Säulen und ein Seitenteil, das man nach dem Öffnen herausnehmen konnte. Darunter befand sich im

Boden ein Geheimfach. Der obere Rand hat ein umlaufendes Fries mit den Initialen der Handwerksmeister:

Vorderseite:	H.B.M.D.P.	Herr Bürgermeister David Preu
	H.L.G.M.	Herr Lorenz Gutmann
Rechte Seite:	H.S.R.	Herr Sebastian Reiß
Rückseite:	H.V.S.	Herr Veit Schaudig
	1675	
Linke Seite:	Den 24. Febr[uar]i	

„Willkomm-Pokal" der Tuchmachergesellen (Abb. 61)
Johann Christoph Heberer, Weißenburg 1758, Zinn;
Der Pokal war wie die Zunfttruhe Bestandteil der Ausstattung der Zunftstube. Der zinnerne Willkomm-Pokal trägt als Aufschrift die Namen seiner Stifter und erklärt auch die Bedeutung des Gefäßes: *„Georg Daniel Hadlich von Weissenburg als Ladengesell, Johann Friedrich Horlagher von Schwäbisch Hall als Ladengesell*". Den Vorsitz bei den Versammlungen der Gesellen führten zwei gewählte Schenk- und Ladengesellen, die den neuen Gesellen den Willkommenstrunk aus dem Pokal anbieten mussten und den Neuankömmlingen dann auch bei der Arbeitssuche zur Seite standen.

Zunftsiegel der Tuchmacher Messing mit Eisengriff (Abb. 62)
Die einzelnen Handwerke waren als Gemeinschaft durchaus rechtsfähig, d. h. sie konnten Verträge abschließen oder Urkunden ausstellen, wie z. B. Lehr- und Gesellenbriefe. Zur Beglaubigung ihrer Rechtsdokumente bediente sich das Handwerk eigener Siegel, die mit einem Typar in Wachs gedrückt wurden. Der Siegelstempel (Typar) des Weißenburger Tuchmacher-Handwerks zeigt als Siegelbild zwei gekreuzte Schiffchen sowie eine Karde zum Aufrauen der Stoffe.

Handwerksordnung der Müller Papier mit großem Stadtsiegel
Die hier gezeigte Ordnung des Weißenburger Müllerhandwerks wurde vom Stadtrat am 17. Juni 1678 genehmigt und mit dem großen Stadtsiegel beglaubigt. Die aufwendig gestaltete Ordnung besteht aus acht Papierbögen, die in einer liturgischen Pergamenthandschrift eingebunden sind. Von der Ausbildung bis zum Meisterrecht sind in ihr alle Ge- und Verbote des Handwerks enthalten.

Abb. 63 Band-, Posamentier-, Bortenwebstuhl ▸

Weber (22, Seitenraum im Erdgeschoss)

Ein Hauptgewerbe der fränkischen Reichsstädte war die Weberei. Neben dem Weben von Leinen war die Tuchweberei von Wollstoffen eines der wenigen exportierenden Handwerke in Weißenburg. Weißenburger Tuche wurden seit Mitte des 15. Jahrhunderts u. a. auf der überregionalen Messe in Nördlingen gehandelt. Um dieses Gewerbe waren auch die Spinnereien, Tuchscherer, Walkmüller und Färber angesiedelt.

In den kleineren fränkischen Reichsstädten war die Direktvermarktung der gängigste Weg, die Produkte zu verkaufen. Doch gab es auch den Handwerker, der für einen Kaufmann produzierte, der die Waren wiederum „verlegte". Der Einzug des Verlagssystems in die städtische Wirtschaft ist eine Entwicklung des späten 15. Jahrhunderts. Es löste nach und nach die überkommenen mittelalterlichen Handwerksorganisationen vor allem in der Textil- und Metallbranche ab. So arbeitete ein Weber (siehe Abb. 66) z. B. weniger für den Verbraucher der von ihm hergestellten Textilien, sondern eher für einen kapitalkräftigen Kaufmann, der ihm das Material zur Verfügung stellte. Die fertigen Textilien übernahm der Kaufmann anschließend, um sie in den Wirtschaftskreislauf einzubringen, d. h. Gewinn bringend weiter zu verkaufen. Das bedeutet, dass der Verleger als Investor der Handelsbetriebe auftrat: Er beschaffte das für die Produktionsausweitung notwendige Geld, besorgte Rohstoffe oder Halbfertigwaren und übernahm den Vertrieb der Fertigwaren auf den fernen Märkten.

Im 16. Jahrhundert entwickelte sich von Schwaben herkommend die Barchentweberei (Baumwollweberei). Zu Ende des 17. Jahrhunderts begann die Blütezeit der Borten- und Posamentenmacherei, die sich bald zum Gold- und Silbertressengewerbe entwickelte. Durch die Entwicklung von farbigem Baumwollband über das luxuriöse Seidenband zu den Gold- und Silberbändern kam auch das Handwerk der Drahtzieher nach Weißenburg. Die Bortenmacherordnung wurde bereits 1686 nach Nürnberger Vorbild erlassen. Die Drahtzieher galten als freies Gewerbe und gehörten daher keiner Zunft an.

Die beiden wohlhabendsten Weißenburger Unternehmerfamilien der Bortenmacherzunft waren im 18. Jahrhundert die Enich und die Roth, die einen erbitterten Streit um die Vormachtstellung führten. Man arrangierte sich schließlich, doch zeigen die Auseinandersetzungen deutlich die Starrheit des alten zünftischen Ordnungssystems, das dem anbrechenden industriellen Zeitalter nicht mehr angemessen war.

⌘ **Webstuhl** 17. Jh.
Die Textilproduktion erfuhr durch die seit dem 13. Jahrhundert verbreiteten Trittwebstühle in technischer Hinsicht einen starken Aufschwung. Der viersäulige Horizontal-Trittwebstuhl wurde zuletzt zum Weben von Leinen benutzt. Auf den mit einer Zahnradsperre versehenen Kettbaum werden die Kettfäden aufgezogen und über den Brustbanner gezogen, um sie zu spannen. Mit seinen zwei Schäften wurde durch wechselseitiges Treten bei den durchgezogenen Kettfäden ein Fach gebildet, durch das man den Schussfaden mit dem Webschiffchen schoss.

Band-, Posamentier-, Bortenwebstuhl Ende 18. Jh. (Abb. 63)
Der mit 18 Schäften und Tritten versehene Bandwebstuhl war für komplizierte Bindungen und Muster geschaffen. Mit diesem Stuhl wurden kunstvolle Besatzartikel – sogenannte Posamenten – sowie Borten, Bänder, Tressen, Schnüre und Fransen aus Baumwolle, Seide oder Lahn (ein um einen Faden gesponnener geplätteter Gold- oder Silberdraht) gewebt. Das auf dem Bandwebstuhl eingezogene Band ist einfacher Webart und kommt mit vier Schäften aus.

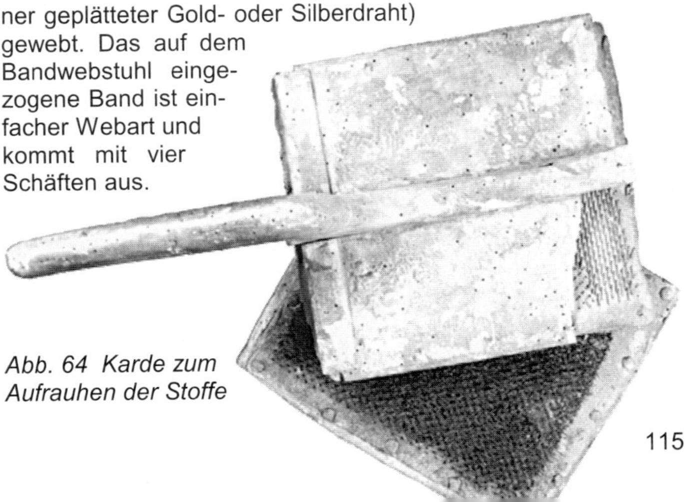

Abb. 64 Karde zum Aufrauhen der Stoffe

Wollkämmer

Weber

Abb. 65-68 Textilproduktion im Spätmittelalter

Tuchrauher

Schneider

III. STADTRUNDGANG

Die Zahlen vor den Überschriften beziehen sich auf die Nummerierung im Stadtplan auf der hinteren Umschlagseite.

1 Tourist-Information / Römermuseum

Der Stadtrundgang beginnt an der Tourist-Information der Stadt Weißenburg. Das im Kern spätmittelalterliche Gebäude dürfte in der Frühzeit der Stadt der Amtssitz des königlichen Amtsträgers gewesen sein. Der heutige Bau wurde 1809 von der wohlhabenden Familie Tröltsch errichtet. Er diente nicht nur als Wohnhaus, sondern auch als Manufaktur (Gold- und Silbertressenfabrik). Heute befindet sich in den Räumen das Römermuseum, das den 1979 entdeckten Weißenburger Römerschatz beherbergt. Das Museum – eine Zweigstelle der Prähistorischen Staatssammlung München – wurde 1983 eröffnet. Es wird aufgrund eines Vertrags in Partnerschaft zwischen der Stadt und dem Freistaat Bayern in einem städtischen Gebäude und mit städtischem Personal betrieben.

2 Platz „Am Hof“

Der Platz „Am Hof“ markiert einen der ältesten Siedlungsbereiche des mittelalterlichen Weißenburgs. Er entwickelte sich aus einem *Suburbium* (Vorstadt) des merowingischen Königshofs *Uuizzinburg*. Eine Gedenktafel am Haus der Einhorn-Apotheke erinnert an den 20. Mai 1029, als Kaiser Konrad II. seinem aufständischen Stiefsohn, dem Herzog Ernst von Schwaben, Weißenburg entzog und den dortigen Dienstmannen (*clientibus*) bestimmte Rechte zugestand.

3 Gotisches Rathaus – Marktplatz

Im Zentrum der Stadt, am Schnittpunkt des Marktplatzes mit der Luitpoldstraße (ehem. Holzmarkt), der Rosenstraße und dem Platz „Am Hof“ steht das reichsstädtische Rathaus, in dem noch heute Sitzungen des Stadtrats stattfinden (Abb. 69). Der gotische Sandsteinquaderbau wurde in den Jahren 1470–1476 errichtet, über Aussehen und Lage des Vorgängerbaus ist nichts bekannt. Die beiden Sitzungsräume liegen im zweiten Obergeschoss über dem Söller, der als reichsstädtischer Veranstaltungs- und Versammlungsraum diente. In dem kleinen Turman-

bau an der Südseite des Rathauses war früher die Ratsbibliothek untergebracht, die sich heute im Turm des Ellinger Tors befindet.
Der Marktplatz war in früherer Zeit der eigentliche Handels- und Hauptumschlagplatz. Hier wurden an Jahrmarkttagen die Waren aufgestapelt und zum Verkauf angeboten. Einheimische wie auch Fernhändler konnten dann von dem vielfältigen Angebot Gebrauch machen. Das Bild des Platzes wird ebenso wie das der Luitpoldstraße von spätbarocken Bürgerhäusern geprägt. Nur vereinzelt hat sich noch ein Fachwerkhaus erhalten. Viele dieser Häuser stammen im Kern aus dem 15. und 16. Jahrhundert und wurden im 18. Jahrhundert mit spätbarocken Fassaden versehen.
Der barocke Marktbrunnen wurde 1685/86 von dem Oettinger Baumeister Hans Georg Schwickerdt errichtet. Er hatte einen bereits im 16. Jahrhundert nachweisbaren Vorläufer, dessen Röhren beim Bau wieder verwendet wurden. Außerdem war er bemalt und von einem Gitter umgeben, das man aber 1867 entfernte. Er wurde ursprünglich der „Schöne Brunnen" genannt, erhielt jedoch im Volksmund zu Beginn des 20. Jahrhunderts den Namen *Schweppermannsbrunnen* durch die vermeintliche Identifizierung der Brunnenfigur mit der sagenhaften Rittergestalt Seyfried Schweppermann (vgl. Abb. 12, 13). Indirekter Auslöser dafür war die Aufstellung des Ludwigsbrunnens in der Luitpoldstraße (s. Nr. 11). Anlässlich von dessen Einweihung 1903 verfasste der damalige Pfarrer Wilhelm Albrecht (1861–1943) das Historienspiel „Bürgertreu und Kaiserdank" zur Geschichte Kaiser Ludwigs des Bayern und Weißenburgs, worin erzählt wurde, dass Schweppermann in der Schlacht bei Mühldorf 1322 zwischen Ludwig dem Bayern und Friedrich dem Schönen von Österreich durch sein tapferes „Dreinschlagen" dem König zum Sieg verholfen habe. Ludwig belohnte seine siegreichen Anhänger mit Hühnereiern, die nach der Schlacht übrig geblieben waren. Im Weißenburger Festspiel spricht der König dankbar folgende Worte:

„Dich sucht mein Auge, alter Hauedegen,
Den Feldhauptmann, in mancher Schlacht erprobt,

Gewohnt, im Sturm die Feinde wegzufegen,
Zu finden, wo der Kampf am ärgsten tobt.
Ein neues Blatt hast jetzo du gefüget
Zum alten Lorbeerkranz in dieser Schlacht;
Mit Worten dich zu ehren nicht genüget,
Ein' Ehrung eigner Art hab ich dir zugedacht –
(sich umwendend)
Bringt her den Korb, will sehen, was er birgt?
Ein Häuflein Eier nur – was ist das für so viele?
Ein Ei dem Kaiser, eines jedem Ritter;
Soweit die Beute reicht, jedem ein Ei,
Jedoch dem frommen Schweppermann, ihm reichet zwei!"

Der Spruch lebte nach 1903 fort, und so identifizierte man bald die kleine Bronzefigur auf dem Brunnen mit dem sagenhaften Ritter Schweppermann. Aus dem „Schönen Brunnen" wurde der „Schweppermannsbrunnen". Die heutige Brunnenfigur ist eine wenig originalgetreue Replik aus dem Jahr 1965 (Abb. 70). Die zwei Eier in der rechten Hand erinnern an die Schweppermannslegende. (Zur tatsächlichen Funktion der originalen Brunnenfigur vgl. S. 30).

4 Neues Rathaus

Ihren bisherigen Abschluss fand die Sanierung des Stadtkerns von Weißenburg in der Zusammenlegung der städtischen Verwaltung, durch die ein ganzes Stadtquartier hinter dem alten Amtsgebäude am Marktplatz neu gestaltet wurde. Nach längeren Baumaßnahmen (1991–98) entstand dort der als „Neues Rathaus" bezeichnete Gebäudekomplex. Neben dem bisherigen Verwaltungsgebäude am Marktplatz wurden zwei alte Fachwerkbauten grundlegend saniert und mit dem Neubau verbunden, der durch eine aufwendige Stahl-Glas-Fassade besticht. In dem Ensemble vereinigen sich die Architekturformen des spätgotischen Weißenburger Fachwerks, des Barocks, des Klassizismus und der Moderne.

5 Spitalkirche

Das Spitaltor markierte bis 1376 die südliche Grenze Weißenburgs. Das ursprüngliche Stadttor (Erdgeschoss, vermutlich.

▲ Abb. 71 Landratsamt, ehemaliges Augustinerinnenkloster

▼ Abb. 69 Gotisches Rathaus

◣ Abb. 70 Detail des sogenannten Schweppermannsbrunnens

▼ Abb. 72 Seeweihermauer

12./13. Jh.) wurde um 1460 beim Bau der Spitalkirche und des Spitals (heutige Sparkasse) als Kirchturm dem Bau integriert. Dieser Turm wurde ab 1727 erhöht und durch *Gabriel Gabrieli* barockisiert. An der Nordseite der Tordurchfahrt befinden sich die Wappen der vier Stiftungspfleger, die die Barockisierung durchführen ließen. Spitalkirche und Spital wurden um 1460 über dem zugeschütteten ersten Stadtgraben errichtet. Im Inneren der Kirche sind im Chor mittelalterliche Wandmalereien erhalten (15. Jh.). Dargestellt sind die 14 Nothelfer sowie das Martyrium der 10 000 Ritter am Berg Ararat. Die Kirche enthält außerdem spätbarocke Deckengemälde und Stukkaturen (1729).

6 „Klösterlein" – Landratsamt

Nur wenige Schritte südlich des Spitaltors befindet sich das um 1238 gegründete ehemalige Augustinerinnenkloster (Abb. 71). Kaiser Friedrich II. hatte dazu im Mai 1242 einen Teil des Königsbesitzes direkt vor der Stadt gestiftet. Aber auch die Adligen der Umgebung und Bürger von Weißenburg statteten das Nonnenkloster bis 1256 mit Gütern aus. Bedingt durch das Bevölkerungswachstum und den wirtschaftlichen Aufschwung entstand seit der Mitte des 13. Jahrhunderts um das Augustinerinnenkloster eine beachtliche Vorstadt, die allerdings durch die Zerstörung Weißenburgs in den wittelsbachisch-pappenheimischen Auseinandersetzungen um das staufische Erbe 1262 schwer in Mitleidenschaft gezogen wurde. Die Not war so groß, dass die Nonnen 1276 *umb manigerlay gepresten und werltliche widerwartikeit besunder umb yre ungelegenen wonungen* Weißenburg verließen und in das Kloster Pettendorf bei Regensburg umsiedelten. Seit 1331 unterhielten die Mönche des Klosters Wülzburg in dem Gemäuer des „Klösterleins" ein Spital. Während der Reformation gelangte der Komplex in den Besitz der Markgrafen zu Brandenburg-Ansbach. In preußischer Zeit (1804–06) diente es als Amtssitz für verschiedene Behörden; heute befindet darin sich ein Teil des Landratsamtes Weißenburg-Gunzenhausen.

7 Schießgraben

Die Schießgrabenmauer stammt aus dem 14./15. Jahrhundert und geht auf das 1376 von Kaiser Karl IV. gewährte Recht zurück, die südliche Vorstadt zu ummauern. Die Finanzierung erfolgte durch eine eigens dafür erhobene Getränkesteuer auf Bier und Wein. Im Schießgraben hielten die Mitglieder der Bürgerwehr zur Reichsstadtzeit ihre Schießübungen ab, wovon der bereits im 16. Jahrhundert nachweisbare Name abgeleitet wurde. Die innere Gasse verläuft auf einem aufgeschütteten Wall. Hier zeigt sich ein für die Weißenburger Stadtmauer typisches Bild. Die Verwüstungen des Dreißigjährigen Krieges hatten gezeigt, dass die Stadtbefestigung als solche nicht mehr von Nutzen war. Deshalb wurde die Stadtmauer im 17./18. Jahrhundert zumeist für die ärmeren Einwohner als Wohnraum freigegeben und der Anbau von Privathäusern erlaubt. Die innere Bebauung zieht sich um den ganzen Stadtmauerring, der dadurch noch fast vollständig erhalten ist.

8 Seeweiher

Der Seeweihergraben ist der einzige Teil der mittelalterlichen Wehranlage, der bis heute mit Wasser gefüllt ist (Abb. 72). Eine nur dort vorkommende Tonschicht formt ein Becken, durch das früher der Stadtbach hindurch geleitet wurde. Man kann hier gut erkennen, dass die Anlage noch zur Verteidigung mit den „konventionellen Waffen“ des Mittelalters wie Pfeil und Bogen, Speer und Lanze angelegt war. Die Türme stehen so dicht beieinander, dass der Mauerstreifen dazwischen von den Verteidigern lückenlos beschützt werden konnte. Der romantische Stadtmauerbereich lädt zu einem kleinen Spaziergang ein und gehört zu den beliebtesten Fotomotiven der Stadt. Eine kleine Öffnung in der nördlichen Seeweihermauer führt ins Innere der Altstadt zurück.

9 Schranne

Äußerlich ähnelt der neugotische Bau der Schranne einem Kirchengebäude. Tatsächlich befand sich an dieser Stelle die frühmittelalterliche Urpfarrei St. Martin (s. Abb. 4, Nr. 1), die aber mit dem Ausbau der Andreaskirche ihre Bedeutung verlor. So profanierte man im 16. Jahrhundert die kleine gotische Kirche und nutzte sie als Getreidespeicher (Schranne). 1864 wurde die jetzige Schrannenhalle errichtet. Zwischen 1925 und 1988 diente sie als Feuerwehrhaus und zeitweilig als Sanitätswache. Seit

Abb. 73 Ludwigsbrunnen (1903)

Abb. 74 Statue der heiligen Walburga von Ernst Steinacker ▲

Abb. 75 Detail aus der Luitpoldstraße: Familienwappen Johann Lorentz Schnitzlein

Abb. 76 Kulturzentrum Karmeliterkirche

Abb. 77 Fresko an jetzigen Raiffeisenbank in der Luitpoldstraße zur Erinnerung an die Weißenburger Waldschenkung

1991 wird der sanierte Backsteinbau wieder als Markthalle und für Veranstaltungen genutzt.

10 Ludwigsbrunnen

Die seit 1901 sogenannte Luitpoldstraße – der ehemalige Holzmarkt – wurde im 12./13. Jh. als Straßenmarkt angelegt. Hier wurde vor allem Holz gestapelt und gehandelt. Der bis heute umfangreiche kommunale Waldbesitz Weißenburgs geht auf eine Schenkung Kaiser Ludwigs des Bayern im Jahr 1338 zurück (vgl. S. 84/85). Der Schenkung waren Verpfändungen der Stadt vorausgegangen, aus welchen sie sich selbst wieder auslöste. Der Kaiser erwies sich dankbar und legte mit der Übergabe des ehemaligen Reichswaldes den Grundstock für das aufblühende Gemeinwesen im 14. Jahrhundert. 565 Jahre später gedachte man jener Schenkung und errichtete 1903 den „Kaiser-Ludwig-Brunnen“ (Abb. 73). Auch das Wandfresko an der heutigen Raiffeisenbank schräg gegenüber erinnert an jene Begebenheiten (Abb. 77).

11 Luitpoldstraße – Karmeliterkirche

Das Bild der Luitpoldstraße wie auch des Marktplatzes wird vor allem durch große, stattliche Bürgerhäuser geprägt, die oft über den Eingängen noch die Familienwappen ihrer früheren Besitzer tragen (Abb. 75). Sie entstanden durch Um- und Neubauten nach den Zerstörungen des Dreißigjährigen Krieges im 17. und 18. Jahrhundert. Die wohlhabenden Bürger bedienten sich dabei nicht zuletzt der Bauleute aus den Nachbarstädten Ellingen und Eichstätt, denn dort wurden zur selben Zeit die Residenzen des Deutschen Ordens und der Fürstbischöfe gebaut.

Das heutige Kulturzentrum der Stadt war ursprünglich die Klosterkirche des Karmeliterordens (Abb. 76), der sich um 1325 in Weißenburg niedergelassen hatte. Das Fresko mit der Darstellung des *„Volto Santo“* an der nördlichen Chorwand der Karmeliterkirche gilt als ebenso seltenes wie ausgezeichnetes Werk nördlich der Alpen. Es entstand um 1400 als Stiftung des wohlhabenden Weißenburger Ehepaars Riegler, die mit ihren Wappen am rechten Bildrand dargestellt sind. Im Zuge der Reformation wurden 1544 die Besitzungen des Karmeliterordens in Weißenburg säkularisiert, die Kirche fortan als zusätzliche evangelische Stadtkirche neben St. Andreas genutzt. Im 18. Jahrhundert wurde die Kirche barockisiert und erfuhr 1981–83 (Planungen seit 1979) eine grundlegende Umgestaltung zum Festsaal der Stadt. Seit seiner Einweihung am 15. Oktober 1983 bildet der barocke Saal den festlichen Rahmen für Theater- und Konzertabende sowie andere Veranstaltungen.

12 Klostergarten

Im Zuge der Altstadtsanierung wurde der ehemalige Klostergarten des Karmeliterklosters im Jahr 1999 als Ziergarten neu angelegt. Der kleine versteckte Garten wirkt wie eine Oase der Ruhe inmitten der Weißenburger Altstadt (Abb. 78). Akzente setzen die Bronzeskulptur der heiligen Walburga (Abb. 74), ein Werk des Bildhauers Ernst Steinacker (Spielberg) und ein Brunnen als vergrößerte Nachbildung des Lichtersteins aus dem Reichsstadtmuseum (vgl. Abb. 57).

13 Auf dem Schrecker

Das Gebiet des „Schrecker" beherbergte im Mittelalter das Gefängnis. Seit 1296 hatte Weißenburg das Recht, dass seine Bürger ausschließlich vor dem Stadtgericht verklagt werden durften. Die *Hohe Gerichtsbarkeit*, welche die *„causa maiores"* (Leben, Ehre, Freiheit, Eigentum) betraf, erhielt Weißenburg 1431. Gestraft wurde hierbei mit „Rad und Galgen". Die Verurteilung eines Gefangenen erfolgte üblicherweise durch den Rat vor dem Rathaus. Deswegen führte man den Gefangenen vom Schrecker durch die Pflastergasse bis vor das Rathaus, wo das Urteil über ihn gefällt wurde. Anschließend schritt man zur Urteilsvollstreckung. Hinrichtungen wurden grundsätzlich außerhalb der Stadtmauern an eigens dafür vorgesehenen Plätzen vollzogen (Halsgerichtsstätte, Galgen). Der Flurname „Galgenberg" am nördlichen Stadtrand Weißenburgs weist noch heute auf eine der Hinrichtungsstätten hin.

Zum Jahr 1731 wird von der Aufsehen erregenden Exekution der Kindsmörderin Maria Barbara Drießlein berichtet: Nachdem der Schöffe Georg Staudinger das bestätigte Urteil *Viva Voce* (mit eigenem Mund) zum mittleren Fenster des Rathauses hinab verkündet hatte, bewegte sich der Gefangenenzug unter dem Geläut der Sünderglocke bis zum Ellinger Tor. Inzwischen

Abb. 78 Ziergarten des ehemaligen Karmeliterklosters

Abb. 79 Auf der Kapelle

Abb. 80, 81 St.-Andreas-Kirche von außen ▲ und innen ▼

Abb. 82 Ehemalige Lateinschule, heute Mesnerhaus

waren zwei Kompanien Soldaten (ca. 60 Mann Bürgerwehr) mit gedämpften Trommelschlägen zur Richtstätte gezogen und bildeten um diese einen Kreis. Hinter den Soldaten zog nun der Blutrichter, ihm zur Seite 12 Musketiere, die wiederum von Stadtknechten flankiert waren. Diese trugen je einen rot-weißen Stab in der Hand, der mit einem rot-weißen Band versehen war (Stadtfarben). Die Stadtknechte riefen während dieses Zuges das „Freigebend" aus, damit die Hinrichtung ohne Störungen abgehalten werden konnte. Dahinter folgten berittene Mitglieder des Äußeren Rates als Ehrengarde des Blutrichters. Erst jetzt kam der feierliche Aufzug der Lateinschule mit dem Kreuz, hinter dem die Verurteilte mit ihrer Begleitung unter Gesang und Zuspruch einherging. An der Richtstätte angelangt, wurde Maria Drießlein geköpft. Nach dem Bericht fügte sie sich getrost und wohl vorbereitet in ihr Schicksal. Allerdings war ihr kein schneller Tod vergönnt, da durch die Ungeschicklichkeit des Ellinger Scharfrichters erst nach dem sechsten Hieb der Kopf vom Rumpf getrennt war. Die Reaktion der Zuschauer war dementsprechend zornig. Nach dem Bericht erhob sich darob „ein großes Klagegeschrei".

14 Auf der Kapelle

Das heutige Erscheinungsbild des Platzes wurde im Rahmen der Weißenburger Altstadtsanierung geformt (Abb. 79, zur Geschichte des Platzes vgl. S. 64). Nachdem 1999 ein altes Gebäude abgerissen worden war, erhielt der Platz mit einem Baum und dem sogenannten Millenniums-Brunnen seine jetzige Gestalt. Er stammt von dem Eichstätter Steinbildhauer Günter Lang und steht symbolisch für das neue Jahrtausend (Bronzestele), den ewigen Zeitenlauf (Wasser) und die Stadt Weißenburg (Brunnenbecken).

15 Ellinger Tor (Abb. 83)

Das Ellinger Tor gilt als eines der schönsten Stadttore in Süddeutschland. Ursprünglich ein Teil der um 1200 entstandenen Stadtmauer, wurde im 14. Jahrhundert der Torturm gebaut (Obergeschoss 17. Jh.), und um 1510 waren Vorwerk und Wehrgang fertig gestellt. Das Maßwerk der Brüstung stammt vom Beginn der Renaissance. Das Tor wird von den beiden

Weißenburger Stadtwappen geschmückt (rechts das erste Stadtwappen von 1241, links gegenüber das zweite Wappen von 1481). Der Reichsadler direkt über der Toreinfahrt symbolisiert die Reichsunmittelbarkeit der Stadt. Aus der goldenen Krone des Adlers wächst die Figur eines sogenannten „*Erbärmdechristus*" (Schmerzensmannes) empor. Solche Darstellungen tauchen in Europa im 11. Jahrhundert erstmals auf. Gleich einem Simultanbild umfassen sie die gesamte Passion, denn man kann nicht genau bestimmen, welcher Teil der Passion (Leidensstation) gerade dargestellt wird. Das gilt auch für diese Skulptur. Christus wird in einem eigenartigen Schwebezustand vor dem Kreuz gezeigt, links und rechts von ihm sind Engel zu erkennen, die Folterinstrumente in den Händen halten. Diese Art der „Zusammenschau" mehrerer Leidensstationen Christi (hier: Kreuzigung und Geißelung) ist typisch für den *Erbärmdechristus* und war im Mittelalter weit verbreitet. Die Menschen sollten dadurch zur Einsicht ihrer Sünden gebracht und zur Buße aufgefordert werden. Die Verbindung von Reichsadler und Schmerzensmann weist deutlich auf die religiöse Komponente des mittelalterlichen Königtums hin (Gottesgnadentum).

16 Martin-Luther-Platz

Ein Fußweg führt durch den Stadtgraben unterhalb des Ellinger Tores vorbei am sogenannten Fünfeckturm zur St.-Andreas-Kirche. Dort steht die Statue des Reformators Martin Luther. Die Bronzefigur wurde im Jahr 1983 von dem Münchner Künstler Martin Mayer (geb. 1931 in Berlin) zur Erinnerung an den 500. Geburtstag Martin Luthers geschaffen. Luther hält eine aufgeschlagene Bibel in Händen, worauf zu lesen ist: „Was hülfe es dem Menschen, wenn er die ganze Welt gewönne und nähme doch Schaden an seiner Seele?" Die Figur blickt zum Gebäude des heutigen Mesnerhauses hinüber. Das alte Fachwerkhaus wurde 1580/81 erbaut und diente als Lateinschule (Abb. 82). Nach Einführung der Reformation hatte man 1536 dem reformatorischen Vorbild entsprechend diese Schule gegründet, deren berühmtester Rektor später der Universalgelehrte Johann Alexander Döderlein (1675–1745) war. Die Schüler wurden bis zur Hochschulreife geführt (nicht zwischen 1806 und 1938).

17 St.-Andreas-Kirche (Abb. 80/81)
Die St.-Andreas-Kirche zeigt in ihrer heutigen Form eine Mischung verschiedener Baustile und Epochen vom späten Mittelalter bis in die Neugotik des 19. Jahrhunderts. Sie erwuchs aus einer frühmittelalterlichen Hofkapelle, die zu dem karolingischen Königshof Weißenburg (*Uuizzinburg*) gehörte. Man unterscheidet mehrere Bauabschnitte: 1327 Weihe der hochgotischen Kirche, deren Langhaus im Kern noch heute steht. Wohl um 1400 wurde der alte Chor abgerissen und der spätgotische Hallenchor begonnen. Dessen Dachhölzer wurden 1423/24 geschlagen, der Chor selbst wurde 1425 geweiht und war spätestens 1442 fertig eingewölbt; 1459–1481 folgte der Bau der vier unteren Geschosse des Ostturms. Das oberste Turmgeschoss wurde erst 1520 aufgesetzt. Die Kriegshandlungen des Dreißigjährigen Krieges verschonten auch die Andreaskirche nicht. Vor allem das Dach wurde so in Mitleidenschaft gezogen, dass der Westgiebel des Hallenchores 1657–1660 durch ein Walmdach ersetzt werden musste. Die barocken Arbeiten an dem gotischen Dachstuhl waren leider in einigen Teilen nicht ganz sachgemäß, so dass das Gebälk im Laufe der Jahre auf die Außenmauern und das Gewölbe drückte. In den Jahren 1891/92 gab man der Kirche durch neugotische Umbauten ihre basilikale Langhausform. 1957–1960 wurden die neugotischen Einbauten im Inneren wieder entfernt. In den Jahren 1999–2001 wird die Kirche in aufwendiger Weise saniert.
Sehenswert sind das Brautportal mit Darstellungen von Marientod und -krönung (um 1400), im Inneren der Hochaltar (um 1500), der Sebaldusaltar (1496), das Marien-Klappaltärchen (um 1500), die wertvollen Objekte in der Schatzkammer sowie das Konfessionsbild (1606).

◂ *Abb. 83 Ellinger Tor*

IV. Anhang

Literaturhinweise

ULF BEIER, Von der Höll- zur Paradeisgasse. Straßen- und Wohnstättennamen in Weißenburg, Weißenburg 1991.

DANIEL BURGER (Text), Robert RENNER (Photographie), Weißenburg. Bilder einer fränkischen Stadt, Nürnberg 1997.

CHRONIK DER STADT WEISSENBURG IN BAYERN VON J. A. DÖDERLEIN, hg. von C. Meyer, 1904, Faksimiledruck Weißenburg 1986.

DT. RTA UNTER KAISER KARL V., Jüngere Reihe, Bd. III, bearb. von Adolf WREDE, Gotha 1901.

DT. RTA, UNTER KAISER KARL V., Jüngere Reihe, Bd. VII, 2. Bände, bearb. von Johannes KÜHN, Göttingen 1963.

FRIEDRICH EIGLER, Weißenburg und sein Umland im Jahre 793, in: Villa Nostra 2/1993, S. 5-23.

FRIEDRICH BERNWARD FAHLBUSCH, Weißenburg, in: H. Stoob (Hg.), Deutscher Städteatlas, 4. Lieferung, Blatt 10, Altenbeken 1988.

DERSELBE, Weißenburg. Werden und Wachsen einer fränkischen Kleinstadt, in: Jahrbuch für fränkische Landesforschung 48, 1988, S. 19-38.

PETER FRIEDRICH HABERKORN, Weißenburg in Bayern. Stationen seiner Geschichte vom römischen Zentralort zur spätmittelalterlichen Reichsstadt, Mammendorf/Obb. 1996.

Ute JÄGER, Weißenburg unter Ludwig dem Bayern (1314-1347), in: Villa Nostra. Weißenburger Blätter für Geschichte, Heimatkunde und Kultur von Stadt und Weißenburger Land, Ausgabe 2/1997, 15-21.

DIESELBE: Weißenburg und seine Beziehungen zu den schwäbisch-fränkischen Reichsstädten im Spätmittelalter, in: Bayerische Städtelandschaften, ZBLG Beihefte, Bd. 15, München 1999, S. 188-220.

GOETZ LANDWEHR, Die Verpfändung der deutschen Reichsstädte im Mittelalter (Forschungen zur dt. Rechtsgeschichte 5), 1967.

GERHARD LEIDEL, Geschichte der Benediktinerabtei Wülzburg, Ansbach 1983.

DERSELBE, Die Pfarreien des Klosters Wülzburg (Einzelarbeiten aus der Kirchengeschichte Bayerns, 61. Bd.), Neustadt/Aisch 1986.

GUSTAV MÖDL, Weißenburger Kulturfenster Karmeliterkirche. Der Weg eines Klosters durch die Jahrhunderte, Weißenburg 1983.

GUSTAV MÖDL U. HERMANN NICOL, 1530-1980. 450 Jahre Augsburger Bekenntnis in Weißenburg, Weißenburg 1980.

JULIUS SCHMUCK, Ein Weißenburger Gerichtstag im Jahre 1731, in: Weißenburger Heimatblätter 1936, Nr. 9-11.

GEORG CHRISTOPH STAUDINGER JUNIOR, Chronica Weissenburg oder Geschichte der kaiserlich-freien Reichsstadt Weissenburg am Nordgau, mit einigen Umständen der herumliegenden Gegend, 1816.

GEORG VOLTZ, Chronik der Stadt Weissenburg im Nordgau und des Klosters Wülzburg mit 16 lithographierten Blättern von Amalie v. Peters, Weißenburg 1835 (Faksimile 1985).

GÜNTER W. ZWANZIG, Weißenburg i. Bay., München-Zürich 1990.

Siglen und Abkürzungen

Dt. RTA = Deutsche Reichstagsakten
GNM = Germanisches Nationalmuseum Nürnberg
HStA = Hauptstaatsarchiv
mhd. = mittelhochdeutsch
RstM Wug = Reichsstadtmuseum Weißenburg
StadtA Wug = Stadtarchiv Weißenburg
StadtA = Stadtarchiv